巴黎人的巴黎

特搜小組揭露，
藏在巷弄裡的特色店、
創意餐廳
和隱藏版好去處

MY LITTLE PARIS

芳妮・佩修塔、艾默婷・佩修塔、安芙洛・布魯內、
凱瑟琳・達黑、九重加奈子、莉莉小姐◎合著

朱雀文化

巴黎人的巴黎

特搜小組揭露，
藏在巷弄裡的特色店、
創意餐廳
和隱藏版好去處

要寫出一本書，你會需要：

走出家門

Fany Péchiodat
（芳妮・佩修塔），
「巴黎人的巴黎（*My Little Paris*）」創始人與勘查者

尋找等待著你的靈感

Amandine Péchiodat
（艾默婷・佩修塔），
編輯與寫手

Ann-Flore Brunet
（安芙洛・布魯內），
編輯與寫手

理出一些頭緒來

Catherine Taret
（凱瑟琳・達黑），
書籍編輯、寫手與譯者

隨時隨地把所有事情記下來

Kanako Kuno
（九重加奈子），繪者

對Helvetica Bold 12字型瞭若指掌

Mademoiselle Lilly
（莉莉小姐），美術編輯

讓這群人聚在一起辯論、
爭吵、和好，
各自改變想法*54*次……

……然後一本書就出來了。
很簡單，不是嗎？

UNUSUAL
CULTURE
HOME
FASHION
SMALL
LUXURIES
BEAUTY

前言

FOREWORD

這本書不會存在，如果……

Fany沒有無意間推開Rue de Bretagne 39號大門，喝到那杯他人生中喝過最棒的芭樂汁。

Amandine沒有在2008年4月3日因為被解雇而把眼睛哭到快瞎掉。

Kanako沒有在2005年5月2日因為瘋狂想要畫下巴黎女人，而從東京飛過來。

Anne-Flore在Fany第四次考駕照失敗時沒有坐在車子裡。

Céline沒有厭倦金融曲線報表。

Catherine在2010年2月2日沒有看著自家窗戶外面，決心要成為一位作家。

Mademoiselle Lilly晚上需要睡4小時以上。

Toni在1973年沒有進航空公司工作。

一個戴眼鏡的男人沒有成為那個對我們說「是的，你們做得到」的人。

Georges沒有在1968年7月7日的Nogent 舞廳遇見Chantal。

Volcy沒有在Fany的電話答錄機裡，留下可以幫忙出書的留言。

我的清單

TO DO LIST

在巴黎，應該做的事情

√ 在只有一張桌子的餐廳享用晚餐
√ 寄封*email*給十年後的自己
√ 在巴黎時裝週扮演灰姑娘
√ 裝飾你的牆壁
√ 打電話給陌生人吐露心聲
√ 不節食減重法
√ 耕耘自己的小菜園
√ 溫泉魚美足療程
√ 複製你最愛的衣服
√ 強迫購物症
√ 活生生的麵條
√ 租用一小時的私人泳池
√ 把自己家裝潢得像電影佈景一樣
√ 每週都來一次高潮
√ 探索巴黎的秘密暢貨中心
√ 讓按摩天使紓緩你的壓力
√ 在家享受中式按摩
√ 成為未來米其林三星級廚師的白老鼠
√ 歡迎加入高空性愛俱樂部
√ 說謝謝
√ 來塊松露披薩
√ 享受跳躍的日本料理
√ 在自己家中當明星
√ 挽眉
√ 假裝自己是美食家
√ 郵購小底褲
√ 令人著迷的義大利起士

✓殺手的秘密小武器
✓參加死詩人社
✓翻找室內裝飾品
✓戴上一頂為你特製的帽子
✓學跳熱舞
✓在夢幻的秘密基地抿一口雞尾酒
✓一杯以你命名的雞尾酒
✓被遺忘的蔬菜們
✓（幾乎就是）高級訂製服
✓千萬別酒後亂寄*email*
✓把自己交給一雙值得信任的手
✓接受一個非求婚
✓把自己的孩子變成小小畢卡索
✓七號天堂的音樂會
✓享受世界上最好吃的火腿
✓打扮得像個*VIP*
✓和阿嬤幫交關一下
✓隨著四季改變的早午餐
✓把你的家變成一本（茶几精裝）書
✓參與瘋狂的審判
✓在包頭沙龍旁停下腳步
✓吃一頓秘密晚餐
✓對抗週日晚間的憂鬱
✓新鮮食品蔬果為你宅配到家
✓大聲歡笑
✓換件內衣，改變生活
✓在市場吃午餐

下一步，挑戰

CHALLENGES

你的巴黎生活了無新意嗎？
下面這些簡單的解決方法，
隨便挑一個試試看。

走在蒙田大道
（Avenue Montaigne）上，
身上只罩著一件大衣，
裡面什麼都沒穿。

找另一個巴黎人，和他
交換房子住一個週末。

在聖皮耶市場
（Marché Saint-Pierre）
跟著神祕的「電梯先生」
保羅來到三樓。

跳上一台計程車，
對司機說：
「跟著前面那輛車！」

到五星級飯店的酒吧裡
獨酌一杯香檳。

搭地鐵的時候站進
駕駛室。

一整個晚上都在講一些
陳腔濫調。

穿著一身黑走進
規定要穿白色衣服
的餐廳吃晚餐。

la tete dans les olives

在只有一張桌子的餐廳享用晚餐

別找傑克，他有點無趣。布莉姬嘛？又話太多。

要找哪四個幸運的朋友一起去Cedric Casanova吃飯，相信你會很難以決定。這位驕傲的西西里人除了擁有巴黎最棒的橄欖油鋪 La Tête dans les Olives，同時還提供非常隱密的晚餐服務。

到了晚上，Cedric的小店就會變身成為全巴黎最溫馨的餐廳。你可以訂下店裡唯一的一張桌子，招待五位客人。夜幕降臨，精挑細選的客人便可以開始享用一連串創新的義大利佳餚。當然，一定是從品嘗橄欖油開始。接著是驚人美味的鹽味瑞可達起士甜菜根和酸甜的巴勒莫南瓜。再來則是體會到鮪魚風乾牛肉薄片的細緻口感。大顆橄欖和鮮美酸豆上桌時，記得，保持冷靜。

這就像是一場夢幻的冒險。所以，最困難的就是選擇你的最佳隊友。

只有一張桌子的餐廳「*La Tête dans les Olives*」
五人的價格：每人30歐元起
依照從西西里島進貨的品項設計菜單

La Tête dans les Olives
地址：*2 rue Sainte-Marthe, Paris 10th.*
交通：地鐵*Goncourt*站
電話：*+33 (0) 9 51 31 33 34*或*+33 (0) 6 73 75 74 81*
時間：上午9點～晚間7點
★每日供應午餐及晚餐

Dear FutureMe,

Don't ask Brandon out. Ever!

WRITTEN: December 20, 2005
SENT: December 20, 2006

Arriving at Finisterra having walked there from Le Puy… I should have turned left and gone to Portugal, not right and returned to Scotland… I have never felt so well, in both mind and body, my life was never filled with so much potential…

- - - - - - - - - - -

Sleeping beside my camp fire in the Namibian bush.

WRITTEN: December 31, 2005
SENT: December 31, 2006

I guess you have kids as well. Be fair to them. Try and
mind. Don't do anything they wouldn't want. Althoug
the best advice. *imagines what life would be like if N

Anyway, I hope you have a wonderful birthday, and I I
last 25 years to good use.

Love,
PastMe

WRITTEN: February 20, 2006
SENDING: November 06, 2031

FutureMe,

tureMe,

I am still with David, because I am going to
s name tattooed today. So if I'm not, I'll prob-
be laughing when I read this.

ITTEN: February 18, 2006
NT: April 01, 2007

Dear FutureMe,

Don't ask Brandon out. Ever!

WRITTEN: December 20, 2005
SENT: December 20, 2006

Needless to say, the very second I realised that I had attained this comfortable state I set about getting rid of it all.

- - - - - - - - - - -

Aegean, night, fishing boats: I remember sitting on the shore of Naxos Island, a warm night and a full belly, out at sea I watched the distant soundless lights of fishing boats moving to and fro…

- - - - - - - - - - -

Paris, a night of wild sex with two beautiful women. Nuff said…

- - - - - - - - - - -

寄封email 給十年後的自己

「親愛的未來的我：

在十年後開啓這封email時，我希望自己已經成為一位成功的作家，住的是loft風格挑高的房子。我還希望自己仍然和馬修在一起，因為我今天去把他的名字刺在手臂上了。」

你有什麼需要保守的承諾？不想遺忘的感覺？或是希望達成的目標？那麼就使用www.FutureMe.com寄封email給自己，挑個喜歡的收信日期，也許是幾個月或是幾年後。在未來與自己相遇。

www.futureme.org

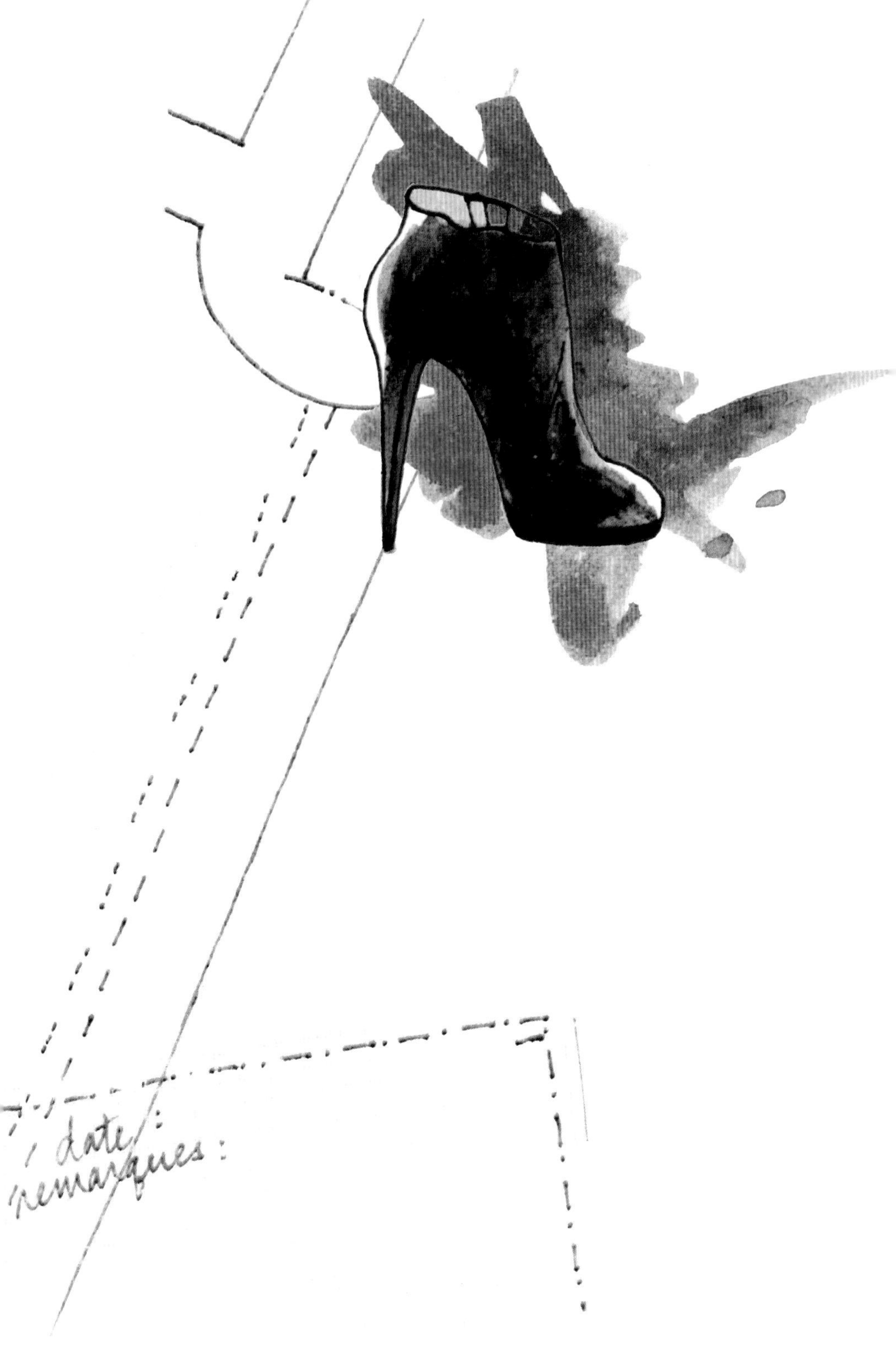
date :
remarques :

在巴黎時裝週扮演灰姑娘

時裝週是一場馬拉松。要跑完（伸展台）全程，你需要兩樣基本配備：足夠的水量（香檳）和正確的鞋子（15公分高的Louboutin紅底鞋）。

如果你的鞋無法繼續支撐你站立、看秀和跳舞，千萬別枯等白馬王子為你送來高跟鞋，趕快衝去「Minuit moins 7（離午夜還有七分鐘）」。在這個絢麗的世界裡，只有這家修鞋店能夠替你換上正牌的Christian Louboutin紅底鞋跟，還能神奇地消除不小心沾在便鞋上的雞尾酒漬、換鞋跟、擴靴，而且不管什麼顏色的皮革保養油都一應俱全。

雖然這些都可能所費不貲，不過非常值得。說不定還能得到一些聰明的建議，例如：「濕襪子穿鞋每天走上十分鐘，鞋子就會像拖鞋一樣舒服。」厲害！

Minuit moins 7
地址：*10, Galerie Véro-Dodat, Paris 1st.*
交通：地鐵*Louvre-Rivoli*站
電話：*+33 (0) 1 42 21 15 47*
★所有品牌的鞋均收
更換紅底鞋跟需要一週的時間，要價***94***歐元

友情

FRIENDSHIP

你我都有這樣的朋友……

受夠巴黎了
「我明天就要離開這裡！」
……………………
就是個累贅
「我鑰匙掉了，可以去
你那邊住嗎？」
……………………
行程滿檔
「我四月十六號有個空檔，
晚上十點到十點半。」
……………………
從來沒在夜店被拒絕過
……………………
隨時準備好要開趴
……………………
還是單身
「女人嘛，不知道自己想要
什麼……」
……………………
想當一個作家
「我明天要開始寫……」
……………………
總是不太確定
「是……喔可是不……」
……………………

裝飾你的牆壁

你剛剛搬進一間新的巴黎公寓，急迫地想讓這裡看起來像是藝術家的祕密基地。但不幸的是，這空間實在太小了。不用煩惱地想把牆壁推出去，只要創造出虛擬的幻象就行了。

「The Collection」這家位於瑪黑區（Marais）的小店，提供了各式各樣的創意壁飾材料讓你巧手佈置，從荒誕的貼紙到相片印刷的壁紙，應有盡有。你只需要專心花個幾分鐘，就能在茶點沙龍裡那塊無趣的空白角落擺上一片美麗的虛擬書櫃，或是在茶几上製造出一盞古董檯燈的幻影。

The Colletion

地址：*33 rue de Poitou, Paris 3rd.*

交通：地鐵 *Filles du Calvaire* 站

電話：*+33 (0) 1 42 77 04 20*

網站：*www.thecolletion.fr*

打電話給陌生人吐露心聲

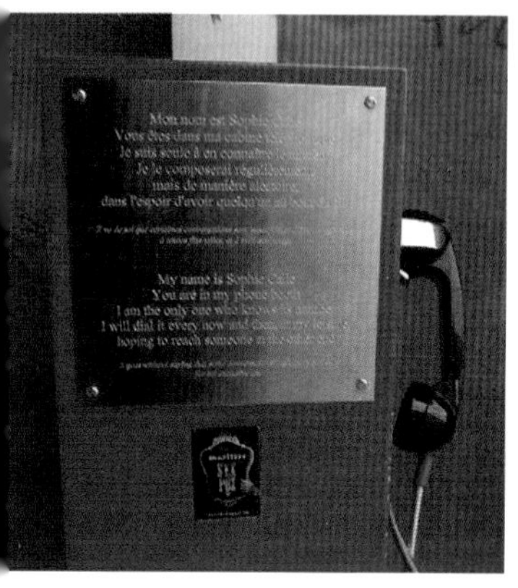

「我叫蘇菲・卡爾（Sophie Calle），你現在的位置是我的電話亭。只有我知道這台電話的號碼，有事沒事就會打打看，希望有人能夠接起來。」

塞納河格里里亞諾（Garigliano）橋的一座電話亭上，刻了上面這些句子。法國前衛藝術家蘇菲・卡爾受到另一座位於沙漠中央的電話亭啓發，得到了這樣的靈感。不管什麼時候她都有可能會撥號，而一個完全陌生（更不用說一定非常驚訝）的人會接起話筒。他們會閒話幾秒鐘，甚至可能聊上幾個鐘頭。這就是所謂的命運。

蘇菲・卡爾的電話亭
巴黎第十五區格里里亞諾橋上花型雕刻的下方。可搭至地鐵 *Balard* 站下車。

!
TÉLÉPHONE
TÉLÉPHONE
...
Kanako

不節食減重法

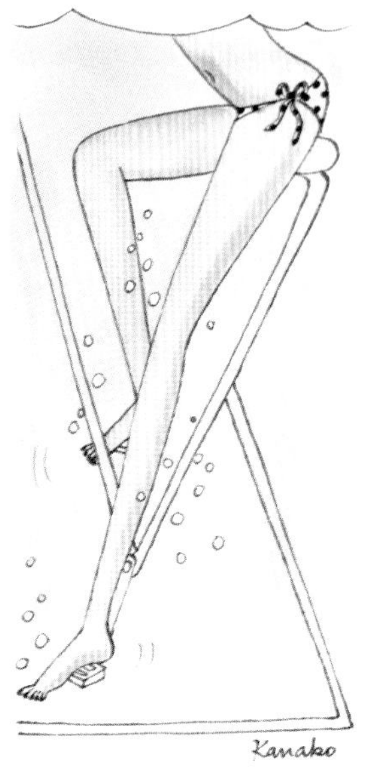

水中腳踏車

水面上，一切都很正常。你跳進的是一個都市裡舒服的游泳池。但水面下，你的雙腿正在不停地勞動，踩踏進行著消滅冬季脂肪的活動。這並不是什麼刑具，而是水中腳踏車。

穿上比基尼進入泳池，挑一台固定在泳池底的腳踏車，開始努力地踩。至少45分鐘的水中腳踏車課程，可以按摩到全身，比其他任何方式更能有效地消除你的橘皮組織。而振奮的音樂和水中腳踏車教練幫助你專注於眼前的健身運動，把想要逃走的計畫拋在腦後。

水中腳踏車
45分鐘的單堂課程要價30歐元，可以借用毛巾
一次購買10堂課的話，每堂25歐元

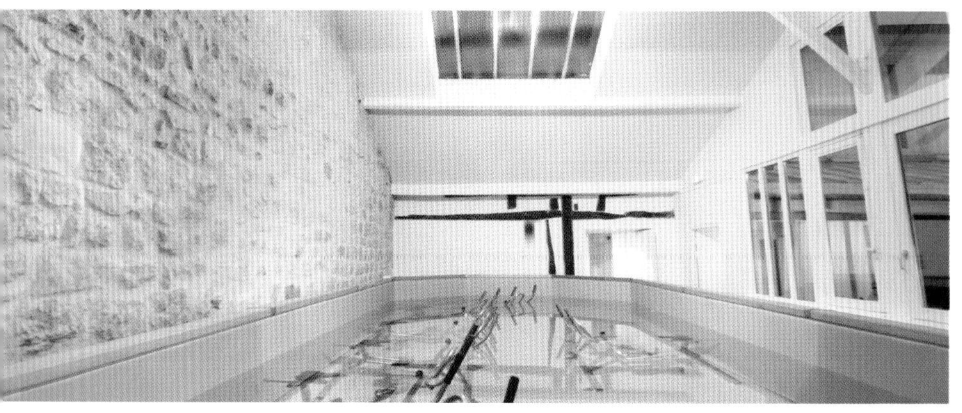

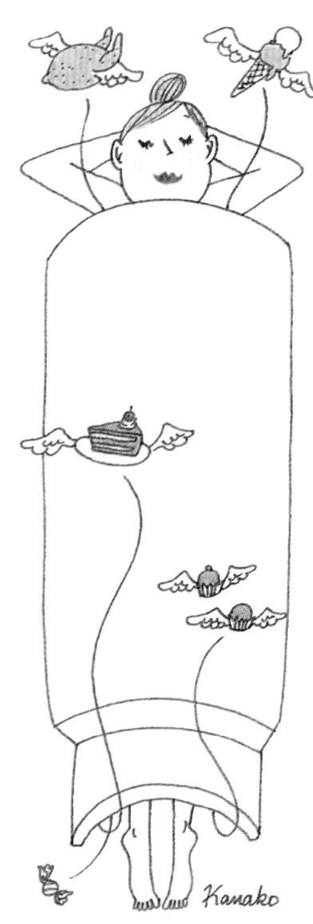

小睡兼消脂

以前：幾世紀前的日本，人們把自己的身體埋在熱沙中排毒。

現在：全身赤裸地躺在柔軟舒適的筒狀療癒艙中，感受熱氣緩緩地流入。別擔心，你的頭部當然會露在療癒艙外面，可以呼吸到房間裡的空氣。閉上眼睡個30分鐘，讓身體進行代謝，將毒素排出體外，靜靜地消耗身上的卡洛里。

La Maison Popincourt

地址：*4 cité Popincourt, Paris 11th.*
交通：地鐵 *Saint-Ambroise* 站
電話：*+33 (0) 1 43 38 96 84*

療癒艙

*30*分鐘療程*45*歐元

Kanako

我熱愛我永遠無法了解的事物。

——艾蜜莉・諾彤（***Amélie Nothomb***）

耕耘自己的小菜園

這是每一位巴黎人心中都藏有的幻想：「總有一天，我要離開城市，到鄉下買一間房子，養一群羊，還要在我自己的園子裡種些蕃茄。」

現在羊還沒有頭緒，不過菜園嘛，倒可以說是找到了。最近菜園分租在巴黎各處有如雨後春筍地冒出來，你絕對可以找到適合自己實現農家夢想的園地：有一塊小地方來養花種萵苣，也許就在離家幾條街的不遠處。

只要先聯絡管理你想分租的菜園所屬的非營利組織，然後成為他們的會員。接下來你便能夠受邀參與園藝社團的各項活動：一起煮湯喝、臨時的野餐、花園咖啡廳……誰說生活不美妙！

www.jardinons-ensemble.org

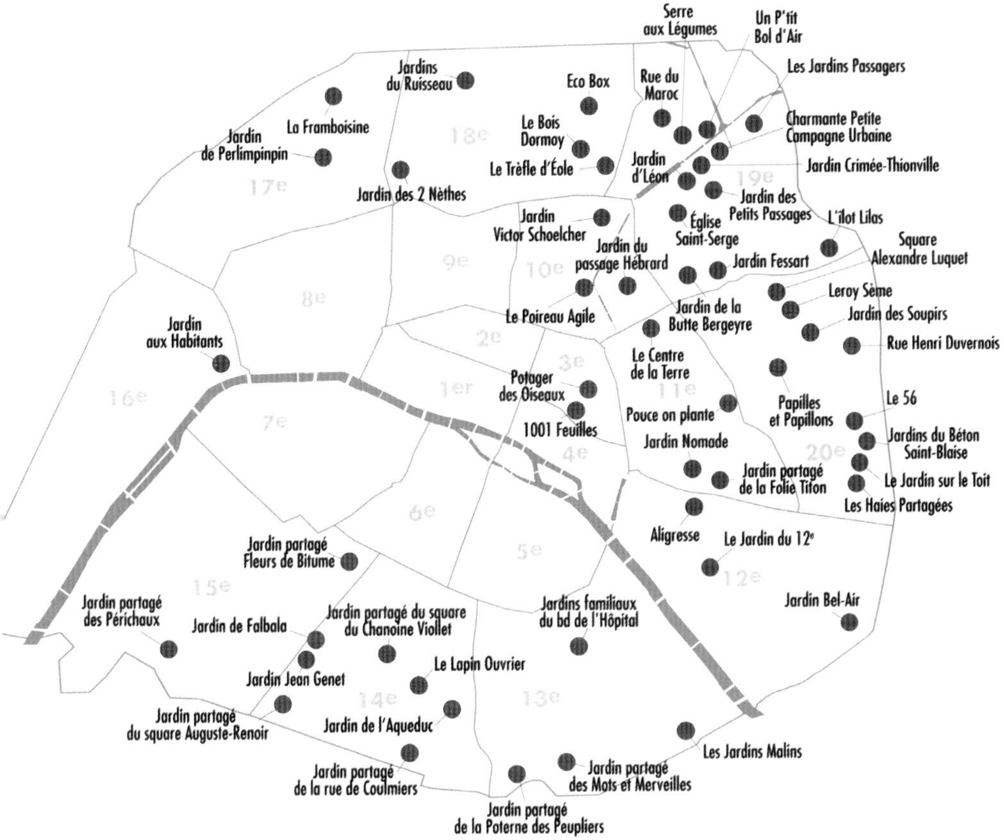

Serre aux Légumes
Un P'tit Bol d'Air
Les Jardins Passagers
Jardins du Ruisseau
Eco Box
Rue du Maroc
La Framboisine
Charmante Petite Campagne Urbaine
Jardin de Perlimpinpin
Le Bois Dormoy
18e
Le Trèfle d'Éole
Jardin d'Léon
Jardin Crimée-Thionville
17e
19e
Jardin des 2 Nèthes
Jardin des Petits Passages
Jardin Victor Schoelcher
Église Saint-Serge
L'îlot Lilas
Jardin du passage Hébrard
Square Alexandre Luquet
9e
10e
Jardin Fessart
8e
Leroy Sème
Le Poireau Agile
Jardin de la Butte Bergeyre
Jardin des Soupirs
Jardin aux Habitants
2e
Rue Henri Duvernois
3e
Le Centre de la Terre
16e
Potager des Oiseaux
1er
11e
Papilles et Papillons
Le 56
7e
1001 Feuilles
Pouce on plante
Jardins du Béton Saint-Blaise
Jardin Nomade
20e
4e
Jardin partagé de la Folie Titon
Le Jardin sur le Toit
Les Haies Partagées
6e
Aligresse
Le Jardin du 12e
Jardin partagé Fleurs de Bitume
5e
12e
15e
Jardin Bel-Air
Jardin partagé des Périchaux
Jardin de Falbala
Jardin partagé du square du Chanoine Viollet
Jardins familiaux du bd de l'Hôpital
Le Lapin Ouvrier
Jardin Jean Genet
14e
13e
Jardin partagé du square Auguste-Renoir
Jardin de l'Aqueduc
Les Jardins Malins
Jardin partagé de la rue de Coulmiers
Jardin partagé des Mots et Merveilles
Jardin partagé de la Poterne des Peupliers

溫泉魚美足療程

馬來西亞、中國、日本……魚醫生席捲全亞洲，完成牠們神奇的使命：吃掉老廢的腳皮、按摩疲憊的雙腳。現在牠們蜂擁而至，來到巴黎。

溫泉魚SPA位於拉丁區（Latin）中心，離萬神殿（Pantheon）很近。誰想得到在這老舊的木桁架屋中，養了這麼一群小小的魚兒呢？找個位子坐下來別動，可以看到魚群突然從水面湧出。把你的雙腳放進水裡，溫泉魚吃腳皮的時候會感覺很癢，千萬得忍住。這種淡紅墨頭魚（因為會吃腳皮的關係，又稱為魚醫生）只要聚集在你的腳邊，就能去除腳上的死皮，讓雙腳變得柔嫩。讓溫泉魚吃完腳皮之後，感覺就像享受了一堂舒服而精緻的美足按摩療程。別以為你家的金魚也可以吃腳皮！不是什麼魚都可以稱為魚醫生的！

溫泉魚 *SPA*
地址：*3 rue des Fossés Saint-Jacques, Paris 5th.*
交通：*RER*火車線*Luxembourg*站
電話：*+33(0)1 43 29 41 36*

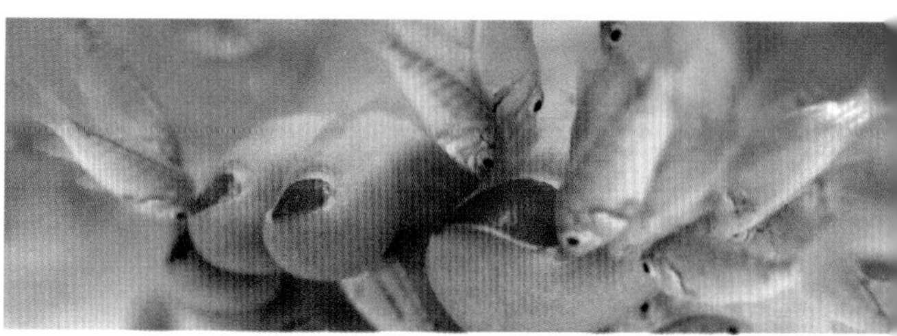

Kanako

搬到這裡吧

MOVE

細細尋找完美的巴黎公寓

面對歌劇院，
就像坐在第一排貴賓席。

消防隊對面，
星期日早上可以觀賞晨練。

麵包店樓上，
隨時能夠吃到好東西。

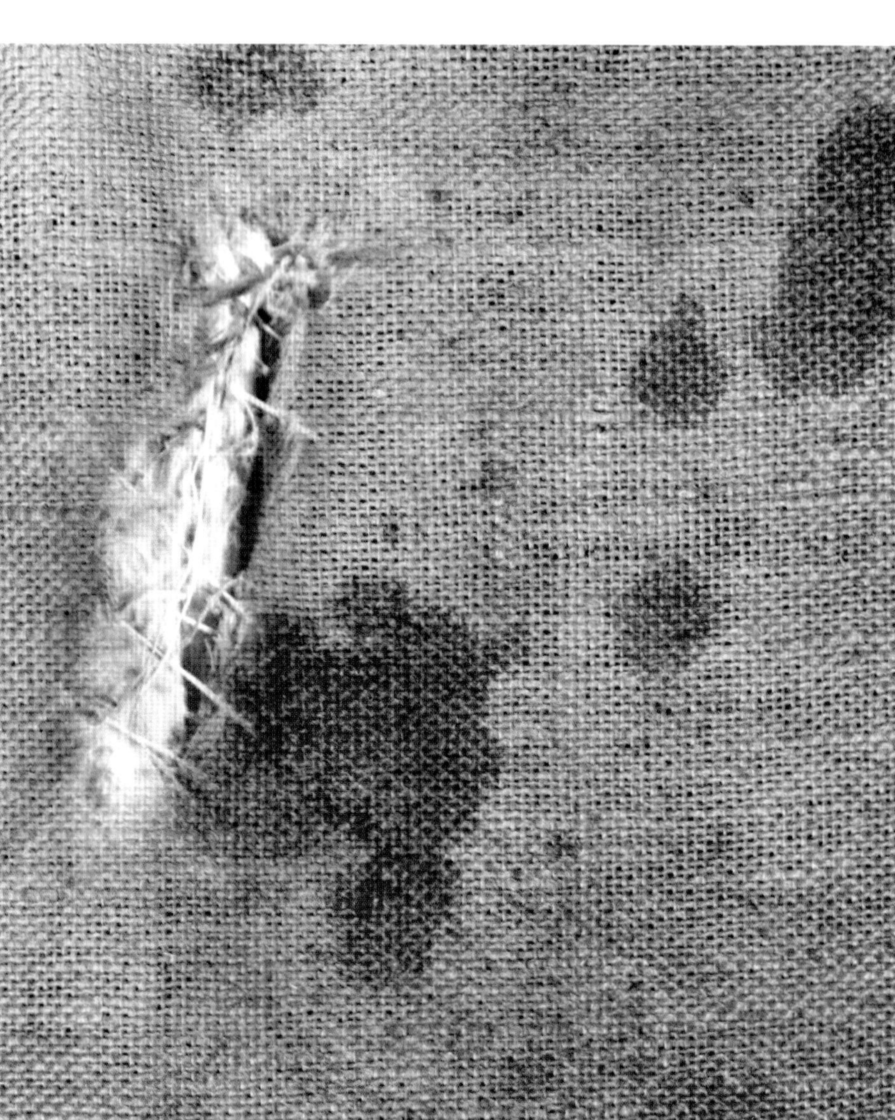

複製你最愛的衣服

完蛋了！你花了好幾年尋覓到這幾件最能展示優點的完美衣服，穿在身上顯得美麗而自信。這些衣服讓你無法抗拒，也找不到任何東西可以代替。

你最喜歡的黑長褲、愛不釋手的高跟鞋，都破了、壞了。別著急。在巴黎，都有辦法可以讓夢想復活，至少能夠拿到幾乎一樣的複製品。

www.jeveuxlememe.fr

你可以將最愛的衣物交給這個網站（意思是「我想要一模一樣的.com」）的經營者，他們就能複製出一模一樣的還給你。如果覺得他們的價格可以接受，完成的複製品會直接寄到你在巴黎的住處。

長褲60歐元起，上衣40歐元起，洋裝50歐元起。有興趣的人可前往網站：*www.jeveuxlememe.fr*

La Boutique Sentimentale

這家修鞋店能夠重製你最愛的鞋子，任何顏色或材質均可。

地址：*14 rue du Roi de Sicile, Paris 4th.*

交通：地鐵 *Saint-Paul* 站

電話：*+33 (0) 1 42 78 84 04*

時間：週二至週日下午 2～晚間 7 點

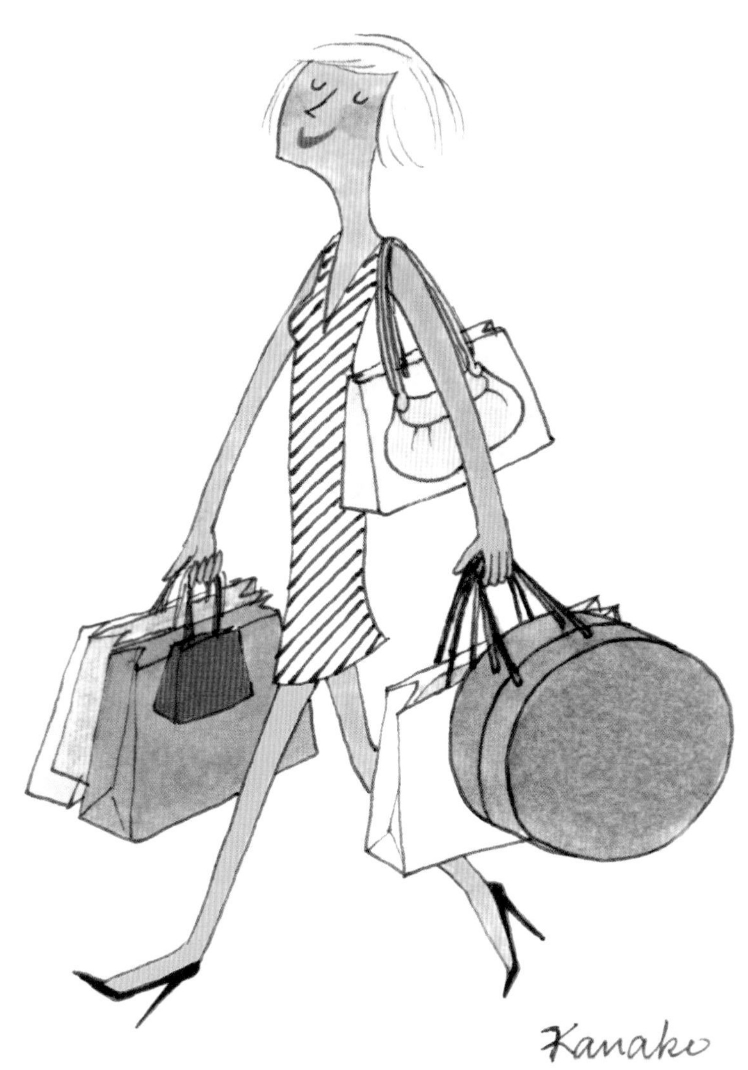
Kanako

衣櫃裡所有的東西都應該跟
鮮奶、麵包、雜誌和報紙一樣，
標明了保存期限。

——安迪・沃荷（***Andy Warhol***）

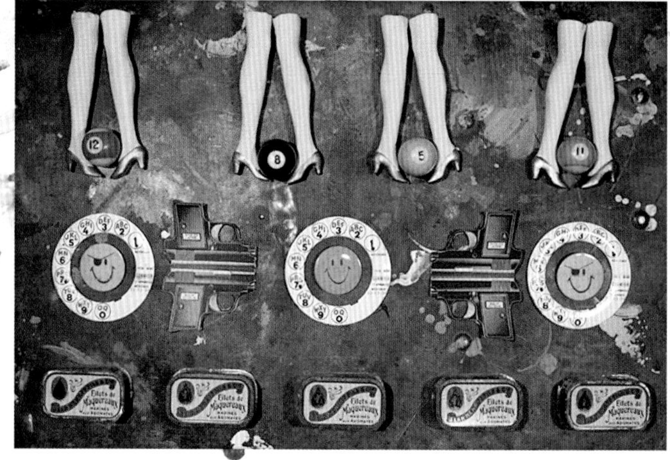
Filets de Maquereaux
MARINES

強迫購物症

巴黎女人是為了蒐集而活。香奈兒、雞尾酒會邀請函、閃亮的紀念品和男人，全是她們明顯熱愛的事物。不過，她們還有另外一些讓人感到驚奇的狩獵和蒐集目標。

Tombées du Camion（意思是「從卡車上掉下來」）就是這樣一個秘密收藏家的天堂。這家店提供了許多罕見、怪異或被人遺忘的物品，深受購物狂和囤貨狂的喜愛。在這裡究竟可以找到什麼呢？各式各樣的懷舊小寶貝，讓你掉進令人懷念的時光隧道，還能讓你家的客廳鮮活起來。讓我們看看你找到了什麼……和你七年級（約11歲）時用的那個一模一樣的球形削鉛筆機、可以用來裝飾壁爐面板的木頭活字、一大把古董洋娃娃眼珠、幾條配色鮮豔的放克風塑膠首飾，還有一些老舊的明信片。而你開始覺得自己變成了強迫購物狂。

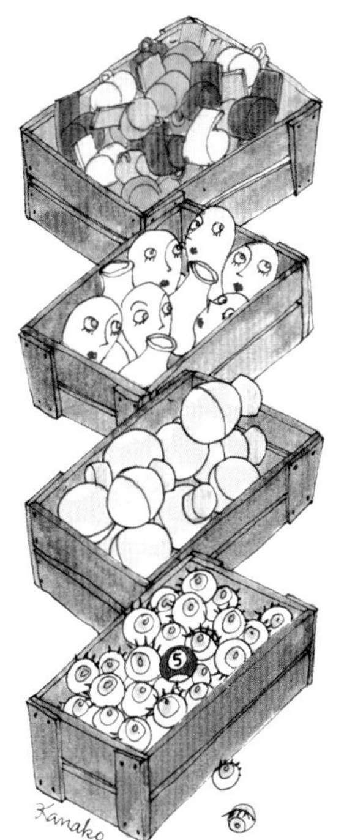

Tombées du Camion
地址：*17 rue Joseph de Maistre, Paris 18th.*
交通：地鐵 *Blanche* 站
時間：週二至週五下午*1*～晚間*8*點，
週六和週日上午*11*點～晚間*8*點

活生生的麵條

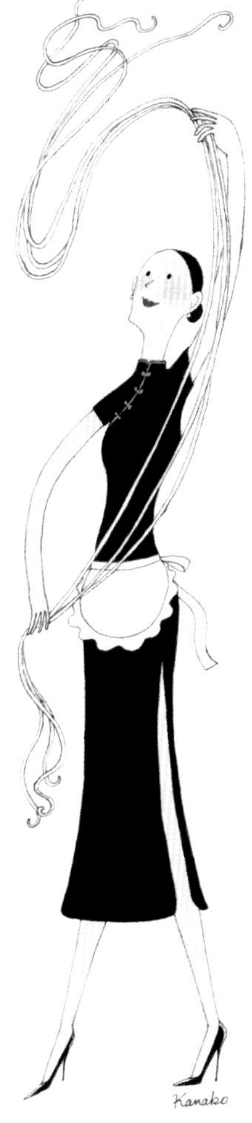

Rue du Faubourg Montmartre是一條繁忙的街道。但46號是個例外。就在這個地點，原本十分匆忙的行人都停了下來，站在路邊揉著自己的眼睛，驚奇地看著櫥窗裡的那個中國女人。她的雙手又拉又揉地，好像在紡棉花一般。但其實這是在製作新鮮的麵條。

46號是一家叫作Les Pâtes Vivantes（意思是「活生生的麵條」）的亞洲餐廳。在吃完沙茶甜不辣這樣小菜後，點一碗炸醬麵，然後等著大秀上場。沒多久，柔嫩的牛肉、豐厚的榨菜和濃郁的薑絲開始在你的口中翻躍。握緊你的筷子好好夾住麵條，細長又新鮮的麵條彷彿有著自己的生命般在盤中舞動著！我們得特別提醒你，除非在中國住過許多年，不然很難保證你能維持整潔的面容與乾淨的服裝。此外，這裡也絕對不適合當作初次約會的場所，但極力推薦給食慾旺盛的人。

Les Pâtes Vivantes

地址：*46 rue du Faubourg Montmartre, Paris 9th.*

交通：地鐵 *Le Peletier* 站

電話：*+33 (0) 1 45 23 10 21*

全身顫慄

THRILL

巴黎人最深的恐懼

錯過最後一班地鐵

…………

搶不到Marché酒吧的露天座

…………

穿了Zara和同事撞衫

…………

剛從健身房滿身大汗
走出來，結果遇到你的前男友

…………

週六晚上一個人在家

…………

搬到郊區住

…………

被鴿子攻擊

…………

騎公用自行車找不到停車位

…………

發現鄰居似乎真的展開了性生活

…………

被當成外地來的鄉巴佬
（非巴黎人）

…………

Kanako

Kanako

租用一小時的私人泳池

L'Hôtel曾經是王爾德（Oscar Wilde，十九世紀英國的戲劇、小說家）的天堂，現在卻向性格男星強尼戴普（Johnny Depp）和名模凡妮莎巴哈迪（Vanessa Paradis）的喜好靠攏。它位於Rue des Beaux-Arts上，不只是個傳奇的地址而已。你可以在它的故事中謙卑地扮演一個小角色。

首先，放鬆地坐進酒吧那因為幽微燈光而顯得柔和的寬大絲絨座椅中，點一杯招牌雞尾酒（香檳、紫羅蘭和萊姆），好好地享受一下。不過這家飯店所能提供的不僅於此。在中世紀風格的拱門下，拉開厚重的天鵝絨簾幕，來到神秘的地下游泳池。這座游泳池可以鐘點為單位進行租借，不管是想自己一個人放鬆地游個泳，或是和心中那個特別的人來場浪漫的戲水，都沒問題。王爾德曾經說過：「避免受到誘惑的唯一方法，就是屈服於誘惑。」也許就是在這裡，王爾德寫下這句話：「避免受到誘惑的唯一方法，就是屈服於誘惑。」

「兩人專案」
——私人泳池＋按摩（30分鐘）＋午餐：1人130 歐元
「單人專案」
——私人泳池＋按摩（1小時）＋午餐：1人190 歐元
週二至週六，僅限午餐時段。

L' Hôtel
地址：*13 rue des Beaux-Arts, Paris 6th.*
交通：地鐵 *Saint-Germain-des-Prés* 站
網站：*www.l-hotel.com*

把自己家裝潢得像電影佈景一樣

這是造型師、攝影師和電影從業人員採購真實電影場景道具的秘密基地。也是設計狂和蒐藏家搜刮便宜寶藏的最愛地點。

走進XXO的倉庫就像踏入了另一個時空。在2000平方英尺的挑高倉庫中，電影場景道具和設計誇張的家具雜亂地堆在一起。

首先是菲利普・史塔克（Philippe Starck）設計的有機玻璃座椅全系列，上面繪有藝妓的圖樣。各地的遊客來到巴黎的Kong餐廳，多半都會坐到這樣的位子上（你可以在影集「慾望城市（Sex and the City）」的最後一集瞄到這些椅子）。然後還有一把電流藍色、線條非常特殊的椅子，正是上個月潮流雜誌《Ideat》報導的重點。

下午的行程從Ikea改成到這裡逛逛也不錯。

XXO
地址：*78 rue de la Fraternité, 93 230 Romainville.*
電話：*+33 (0) 1 48 18 08 88*
時間：週一至週五上午9點～晚間6點，以及每個月的第一個週六
網站：*www.xxo.com*
交通：搭乘地鐵11線至*Mairie des Lilas*站，轉搭105號或129號公車。
距離地鐵 *Châtelet* 站約45分鐘

Kanako

每週都來一次高潮

你覺得自己每天做的菜都很無聊嗎？那就試試這個非常特別的巧克力熔岩蛋糕食譜。

秘密在哪裡呢？香甜濃郁的巧克力、胡椒和薑混合在一起，創造了兩階段不同的美味：薑誘發了你的慾望、刺激了你的味蕾，胡椒則點燃了你內在的火焰。絕對讓你吃了還想再吃。

下面就是這份擁有致命吸引力的食譜（2人份）：

黑巧克力100克（3～5盎司）、奶油40克（1.4盎司）、麵粉30克（1/4杯）、雞蛋2粒、牛奶2大匙、新鮮現切的碎薑2小匙、新鮮現磨的胡椒1小匙、糖粉、鹽

烤箱預熱至220℃。將兩個焗烤容器內部塗抹上些許奶油和糖後放入冰箱。巧克力切成方塊，預留8塊先不使用。將奶油和剩餘的巧克力放入小鍋中，隔水加熱煮至融化備用。

分離蛋黃和蛋白，將蛋白置於容器中打發至鬆軟。

將2小匙的糖粉加入蛋黃，攪拌至呈白色。加入牛奶、麵粉、少許鹽和融化的巧克力，再小心地倒入打發的蛋白，拌勻成巧克力麵糊。

取另一口小鍋，倒入¾杯水、碎薑、胡椒和1大匙糖粉，煮成糖漿後放冷卻。等到糖漿變涼之後，放入預留的8塊巧克力，拌成均勻滑順的巧克力糖漿。若有需要，可將鍋子再次加熱讓巧克力完全融化。不可將巧克力放入熱糖漿中……會燒起來！

將巧克力麵糊倒入焗烤容器至半滿，再小心地將巧克力糖漿倒在容器中心，然後用剩下的麵糊覆蓋住整個容器。

烘烤10分鐘至蛋糕表面變硬產生碎裂即可。出爐後趁熱食用。

這份食譜摘自以下這本書：

《480 pages de douceurs dans un monde de brutes》

Chez Tana Editions, Collection Mon grain de sel@Raphaële Vidaling

探索巴黎的
秘密暢貨中心

如果你想在巴黎投資，我們建議你將金錢放在這個城市最偉大的資產上：時尚產業。

市區內位置最佳的暢貨中心有以下這些：

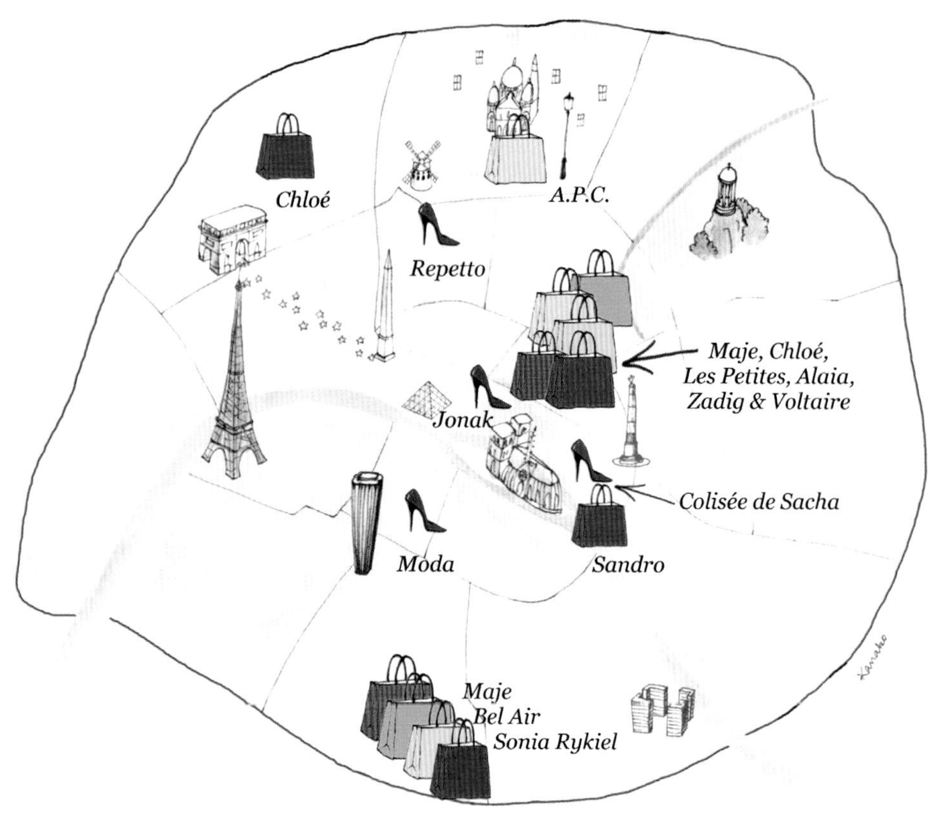

Sandro outlet
地址：26 rue de Sévigné, 4th

Chloé outlet
地址：8 rue Jean-Pierre Timbaud, 11th

Maje outlet
地址：44 avenue du Général Leclerc, 14th
地址：92 rue des Martyrs, 18th

Repetto outlet
地址：24 rue de Châteaudun, 9th

Jonak outlet
地址：44 boulevard Sébastopol, 3rd

Modaoutlet (高級設計師鞋款)
地址：45 rue Saint-Placide, 6th

Zadig et Voltaire outlet
地址：22 rue du Bourg Tibourg, 4th

APC outlet
地址：20 rue André Del Sarte, 18th

Bel Air outlet
地址：36 avenue du Général Leclerc, 14th

Alaïa outlet
地址：18 rue de la Verrerie, 9th

Sonia Rykiel outlet
地址：64 rue d'Alésia, 14th

Colisée de Sacha outlet
地址：59 rue Beaubourg, 4th

Les Petites outlet
地址：11 rue de Marseille, 10th

讓按摩天使
紓緩你的壓力

紐約人擁有免費的擁抱。巴黎人擁有免費的馬殺雞，由熱心的禪學執行官來服務。是新的政府政策嗎？其實不算。他們是非營利組織「La Décontraction à la Francaise」（意思是「法式放鬆」）的成員，專為巴黎人提供街頭按摩的享受。

他們在小小的護牆廣場（Place de la Contrescarpe）等著你。帶著魔法般撫觸的雙手和親切的笑容，隨時都能讓你享受到免費而放鬆的背部按摩。坐下來，閉上雙眼，讓輕柔的吉普賽音樂洗去你的煩憂。你的頭、你的臂、你的手、你的背，輕巧的揉捏照顧了你的全身，帶走了所有囤積的壓力。感覺好點了嗎？

「*La Décontraction à la Francaise*」非營利組織
地址：*Place de la Contrescarpe, 6 rue Blainville, Paris 5th.*
交通：地鐵 *Place Monge* 站
電話：*+33 (0) 6 63 91 86 35*
時間：五月初至九月底的晴天，晚間6點起
★想瞭解更多資訊，可聯絡 ***decontraction.france@gmail.com***

在家享受中式按摩

太沒力、太昂貴、太多話。為了找到最棒的中式按摩師，我們尋遍了整個第13區 。最後終於，運氣真好，碰到了。

劉氏夫婦，一男一女，完全征服了我們的雙腳！這對搭檔提供到府服務，只要40歐元便能讓你享受到整整一個鐘頭、傳統中式腳底按摩的極致快感。

叮咚：兩人進門，在你家佈置好按摩器具，這場中式的儀式便開始了。首先是泡腳，在玫瑰浴水中放鬆雙足，師傅會幫你按摩頭部、背部和手臂。接著便專注於「身體的第二心臟」，也就是你的腳。他們會對你的雙腳一吋一吋地揉、捏、撫、握。你會感覺到全身都因此活絡舒暢起來。

一個小時過去了，師傅離開了，而你發現自己剛剛去過了天堂。

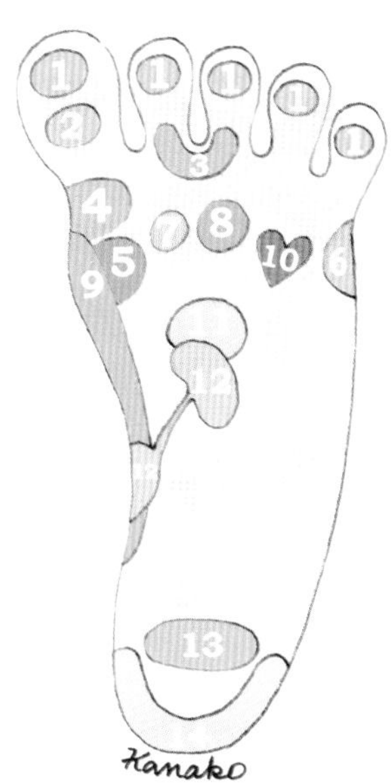

劉氏按摩

到府腳底按摩（限巴黎）

電話：先打到*+33 (0) 6 10 19 95 27*預約，再用*email*告知你的地址 *massageliu@hotmail.com*

時間：上午*9*點～晚間*11*點，全年無休。

價格：巴黎市區*1*小時*40*歐元，郊區多加*10*歐元（*Neuilly-sur-Seine* 和 *Levallois*）

1. 舒緩思緒
2. 放鬆心靈
3. 放鬆雙眼
4. 減輕壓力
5. 清除壓力
6. 消除肩膀的氣結
7. 平緩呼吸
8. 均衡代謝
9. 放鬆背部
10. 和緩心跳
11. 促進身心健康
12. 安撫胃部
13. 提振精神
14. 刺激循環

Kanako

循規蹈矩的結果，就是
錯失所有的樂趣。

——凱薩琳赫本（***Katherine Hepburn***）

成為未來米其林
三星級廚師的白老鼠

侍酒師倒酒的時候動作有些笨拙，領班不記得今日前菜的名稱。如果是在其他餐廳，我們會很生氣。但在這家餐廳，我們則會很開心。這就是到餐飲學校享用豪華大餐的樂趣……而且只要花一點點錢。

Vatel是一家未來頂級廚師的訓練學校。當你正忙著享用一頓正式的大餐時，他們都在默默地流著冷汗，因為老師們正在旁邊對他們的一舉一動打分數。他們對於食物和服務都非常地認真嚴肅：精選的高級季節菜色可比擬米其林一星級餐廳，價格卻只要33歐元。這一餐最棒的地方就是害羞的初級甜點師傅會來到你的桌邊介紹甜點，實在想讓人拍手叫絕。

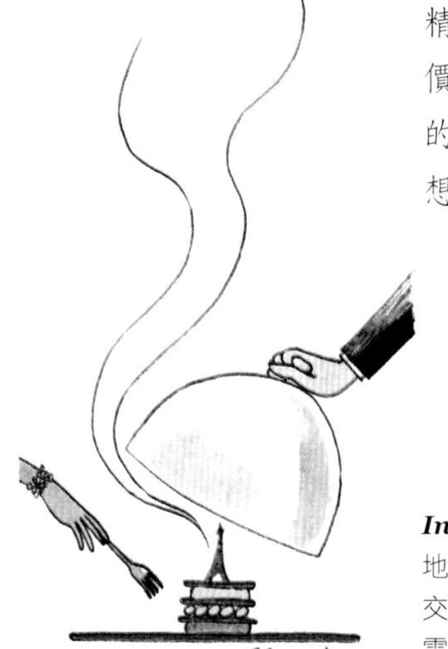

Institut Vatel
地址：*122 rue Nollet, 17th.*
交通：地鐵 *Brochant* 站
電話：*+33 (0) 1 42 26 26 60*
營業時間：週一至週五
價格：午晚套餐*33*歐元（含前菜、主菜，起士和甜點），
商業午餐*21*歐元（含主菜和甜點）

歡迎加入
高空性愛俱樂部

「我有點擔心瑪婷，她從紐約飛回來之後整個人就變了。」

很正常，怎麼可能還有人會了解瑪婷呢？自從她搭了那次的深夜航班，就加入了這個世界上獨一無二的俱樂部：只有曾在飛機上「做過」的人才能參加的俱樂部。

要成為俱樂部會員可不容易。首先，按照規定，你必須搭乘至少可以讓你離地一英里高度的交通工具。接下來要找到一位願意讓你飛到艙頂上的可靠夥伴。最後，還需要事先規劃策略。選擇靠走道的座位，注意空服員的行動，避開廁所排長龍的時間，準備好燈一暗就馬上可以動作。等降落之後，這場初體驗的詳細記錄便能為你打開俱樂部原本深鎖的大門。你很快便能收到正式的會員卡。

祝你有趟愉快的飛行。

www.milehighclub.com
高空性愛俱樂部：只有曾在飛機上「做過」的人才能參加的俱樂部

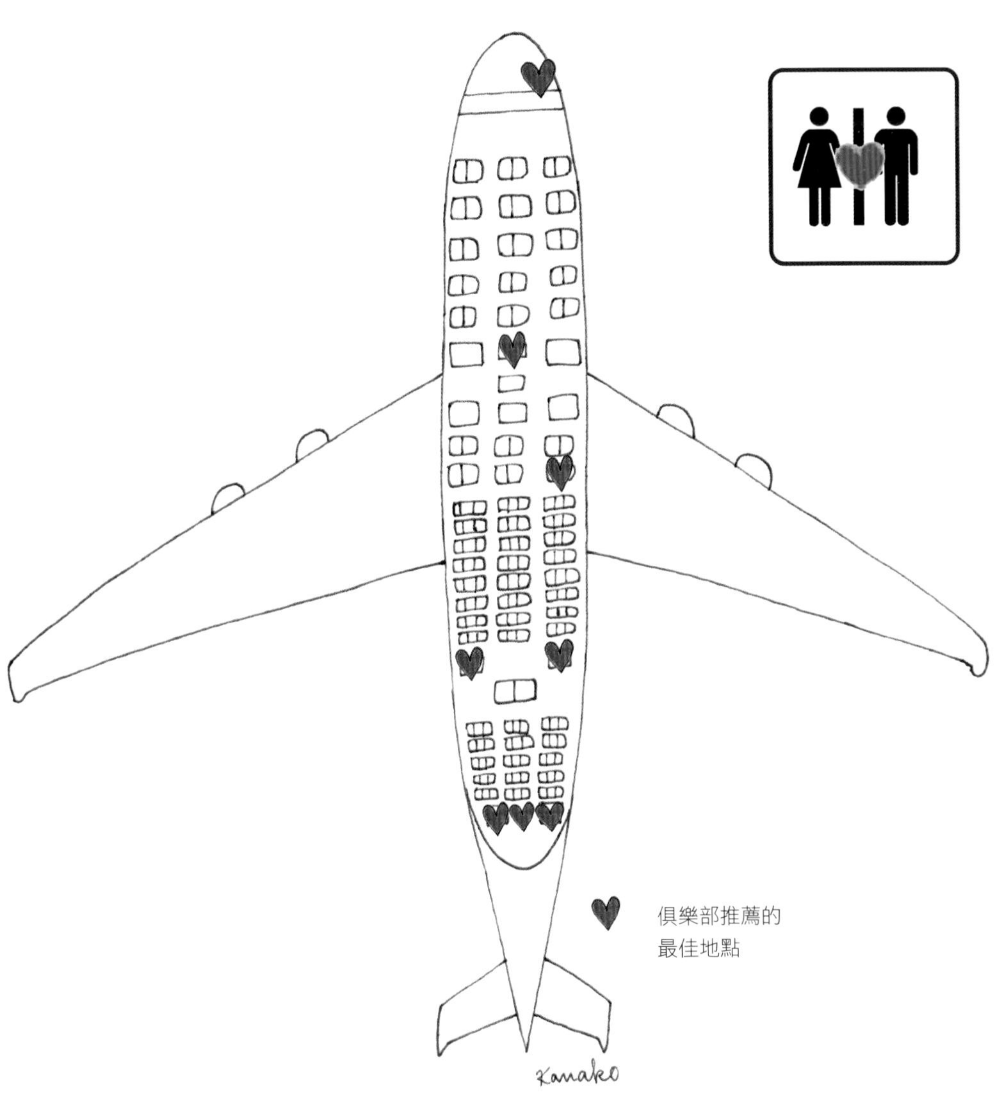
俱樂部推薦的
最佳地點
Kanako

merci
Kanako

說謝謝

我希望（我的男友更常送花給我）……

你想要（新的Louboutin紅底高跟鞋）……

他想訂（窗户旁的座位）……

有些話我們會拐彎抹角想盡辦法説出來，但有些話我們會故意忘記説……例如「謝謝」。這句話很平常，但是真心誠意説出口的時候卻不多。

巴黎市中心的瑪黑區有一座感謝的聖殿。頂級童裝Bonpoint的創始人，Bernard和Marie-France Cohen，在這裡打造一家慈善概念店，對生命賜與他們的許多禮物表達感恩，並將豐功偉績分享給沒有他們那麼幸運的人。這家店的名字很自然地取成了「Merci（法文的謝謝）」，位在一處寬敞明亮的挑高空間，讓客人彷彿像在參觀房子一樣，可以一個個房間瀏覽。挑選設計師服飾、在花店買一小捧玫瑰花、窩在圖書角的沙發上喝杯檸檬汁。雖然很難相信，但你真的是在捐款！在這裡購買商品，商店所獲得的利潤都會作為慈善用途。

是不是感覺越來越棒了呢？

Merci
地址：*111 Boulevard Beaumarchais, Paris 3rd.*
交通：地鐵 *Saint-Sébastien-Froissart* 站
電話：*+33 (0) 1 42 77 00 33*
時間：週一至週五上午*10*點～晚間*8*點

來塊松露披薩

松露，是珍貴的黑鑽石，是難得一見的美味。不管用在哪道菜裡，都是幾乎隱身不見卻又絕對無法錯認的明星。義大利麵也好，西式煎蛋捲也罷，現在甚至還加上了披薩。

Al Taglio，巴黎最好吃的披薩店之一，正是松露披薩的專家。義大利直送的精選食材，配上薄脆的餅皮。和在羅馬一樣，這裡的披薩是以重量計價。

如果你不想光吃松露，也可以混搭點餐。來個200克的松露醬披薩，加上100克的豬肉南瓜醬披薩，還有150克的羅勒牛肉披薩。

如果你想讓平常鮮少大驚小怪的朋友感到印象深刻，可以叫這家店的披薩外送，或是再多點100克。

Al Taglio
披薩以重量和片數計價
地址：*28 rue Neuve Popincourt, Paris 11th.*
交通：地鐵 *Parmentier* 站
電話：*+33 (0) 1 43 38 12 00*
時間：週二至週四是中午至晚間*11*點，週五和週六則從中午至午夜
★巴黎市區外送，至少要點***1***個 ***8～10***人份的特大披薩：
30歐元（瑪格烈塔披薩）～***50***歐元（蕃茄松露披薩）
★至少***24***小時前預訂

享受跳躍的日本料理

你最愛的蔬菜正準備上場。它們有秩序地排列在燒燙燙的鐵板燒台周圍，會先翻上幾翻，然後才優美地停駐在你的口中。你現在的位置是在Comptoir Nippon，準備大快朵頤鐵板燒。

在這樣的日式料理中，廚師靈巧地操弄著雙鏟，迅速地把蔬菜切成小塊，並且把胡椒研磨器當成沙鈴一樣甩弄。如果你在適當的時候把嘴巴張開，就能接到往你這邊飛來的煎豆腐。這樣的料理花招不但讓人目不轉睛，同時也激盪了你的味蕾。吃個搭配香菇和鵝肝的春捲，來點花生炒菠菜，再加一小份海膽龍蝦三明治。

這裡很適合活絡商業用餐時的氣氛，或者作為第一次約會的暖身。

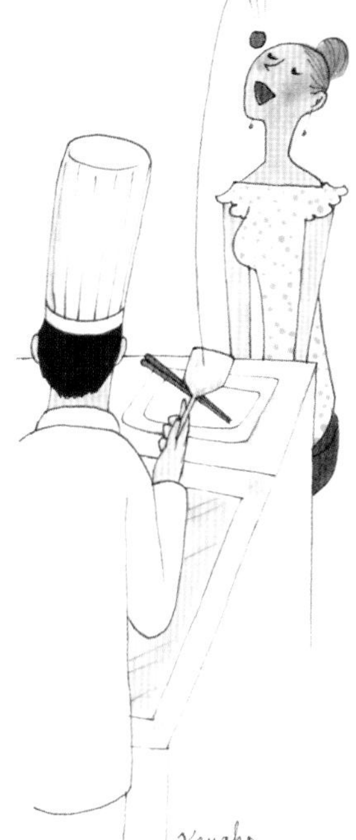

Au Comptoir Nippon

地址：*3 avenue du Maine, Paris 15th.*
電話：*+33 (0) 1 45 48 22 32*
交通：地鐵 *Montparnasse* 站
價格：套餐*26.5*歐元起
★訂位時須先說明喜好：是想要擺盤後上菜？還是直接送進你的口中？

DU FEU

Trainspotting
Choose life
ART

在自己家中當明星

「如果沒有巴黎的小姐們存在，巴黎就不再是巴黎了。」為了讚頌巴黎的小姐們，一位年輕的二十一世紀街頭攝影大師運用光面相紙將她們化為永恆。

著名的《ELLE》時尚雜誌攝影師Baudouin正在創作一本以巴黎女性為主題的攝影集。書名非常直白，就叫《*Je suis une Parisienne*（我是巴黎小姐）》。為了這本作品，他希望能募集到100位巴黎小姐，在她們巴黎的自家中進行拍攝。不管是在巴黎住了幾個月、幾年或是一輩子，都歡迎參加面試。Baudouin尋找的是巴黎小姐獨特的神秘氛圍。這本《*Je suis une Parisienne*》可以讓你成為精裝茶几書（放在茶几上供人翻閱打發時間的大本精裝書）上的偶像。如果你想要入鏡，不管是在床上打滾、驕傲地與自己珍藏的黑膠唱片合影，或只是攤在那張舒服的舊皮椅上擺著喜愛的姿勢，都可以把自己和家中最美、最迷人的照片寄到contact@baudouin.fr。祝你好運！

www.baudouin.fr
點入標題為「我是一位巴黎小姐」的網頁

挽眉

穿著飄逸的紗麗、跳著豔麗的舞蹈，但是寶萊塢的女演員征服男主角和觀眾的利器，卻僅僅是一個媚惑的眼神。秘密在哪裡呢？對於初學者來說，是修整過的眉毛，或者更精確地講，是完美的眉型。

挽眉是一項印度的傳統技藝，用兩條棉繩夾住細小的眉毛將之連根拔起。這個方法比蜜蠟除毛來得更精準。Indian Beauty Center的美容師都是可靠的修眉專家，能夠修整出最適合你的完美眉型。只需要花上5分鐘，付出7歐元即可。不過得事先警告你，第一次可能會覺得有點痛，但成果和剪了一個新（而且好）的髮型一樣棒：你的眼睛變美了，臉部容光煥發，五官也細緻起來。效果驚人。

Indian Beauty Center

地址：*27/33 rue Philippe de Girard, Paris 10 th.*

交通：地鐵 *Gare du Nord* 站

電話：*+33 (0) 1 46 07 44 67*

時間：週二至週六上午*10*點*30*分～晚間 *8* 點，

週日上午*11*點～晚間*7*點*30*分

★不須預約

選擇你的眉型

席安娜米勒

（Sienna Miller）的平凡眉

瑪琳黛德麗

（Marlene Dietrich）的弓型眉

安潔莉娜·裘莉

（Angelina Jolie）的銳利眉

瑪麗蓮夢露

（Marilyn Monroe）的稜角眉

愛西瓦亞

（Aishwarya Rai）的流暢眉

假裝自己是美食家

用叉子吃泰式炒麵？太簡單了。加糖的濃縮咖啡或是牡蠣沾醋？我的老天啊！把那些虛假的餐廳拋在腦後，選擇美食家會去吃的菜餚。老饕不會受到愚弄，他們知道怎樣選擇真正道地的食堂，而不是華而不實的廚房。他們不怕味蕾著火，沉迷在美味的餐飲中。

如果你有興趣搭地鐵到一些冷門的地點，可以試試下面這六家絕對不會出錯的餐廳，用你的筷子享受一些世界上最美好的食物。

喜歡嗎？說謝謝……

韓語：*kam sah hamnida*

印度語：*dhanyavad*

泰語：女性說*kop khun kha*，男性說*kop khun krap*

越南語：*cam On*

日語：*Arigatô*

學習吃石鍋拌飯的藝術***bibimbap***

地址：*32 boulevard. de l'Hôpital, Paris 5th.*

交通：地鐵 *Gare d'Austerlitz* 或 *Saint-Marcel* 站

電話：*+33 (0) 1 43 31 27 42*

喝全巴黎最棒的印度酸奶

Le Paris-Féni

地址：*15 bis rue Ternaux, Paris 11th.*

交通：地鐵 *Parmentier* 站

電話：*+33 (0) 1 48 05 08 85*

坐在抱枕上吃泰國菜

Le Krung Thep

地址：*93 rue Julien Lacroix, Paris 20th.*

交通：地鐵 *Belleville* 站

電話：*+33 (0) 1 43 66 83 74*

就像在曼谷享受泰式炒河粉

Le Sukhothai

地址：*12 rue du Père Guérin, Paris 13th.*

交通：地鐵 *Place d'Italie* 站

電話：*+33 (0) 1 45 81 55 88*

和越南人吃一樣的食物

Le Bambou

地址：*70 rue Beaudricourt, Paris 13th.*

交通：地鐵 *Tolbiac* 站

電話：*+33 (0) 1 45 70 00 44*

為了拉麵而瘋狂

Hokkaido

地址：*14 rue Chabanais, Paris 2nd.*

交通：地鐵 *Pyramides* 站

電話：*+33 (0) 1 42 60 50 95*

Single

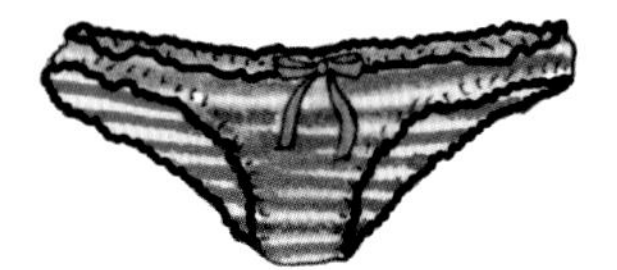

First rendez-vous

Second rendez-vous

Wild night

郵購小底褲

每當郵差來按鈴的時候，你就會臉紅。這要不是被郵差的制服煞到，就是在等一個非常特別的包裹。非常私密的物品，甚至有點俏皮。一種用絲緞和蕾絲製成的東西……

加拿大網站Panty by Post（底褲郵購）讓女孩兒擁有了非常愉快的購物經驗，衛生署應該要因此提供補助才對。這個網站每個月都會推出一款獨特的底褲。你可以只購買一次，也可以訂購整年份。選好尺寸、付款，然後注意郵差何時到你家。買內衣是一件讓人興奮的事，所以你完全可以想像拆開這樣的一個包裹、看到這個月的底褲款式，會是怎樣的心情——可愛的蝴蝶結、性感的剪裁和細緻的花邊。每個月都能收到屬於自己私密的底褲驚喜！

www.pantybypost.com
訂購每月一次的底褲驚喜：
只買一期，*16*加幣（*12*歐元）
訂購一整年*12*期，*240*加幣（*177*歐元）
寄至法國要另付國際郵費（可寄送至台灣）

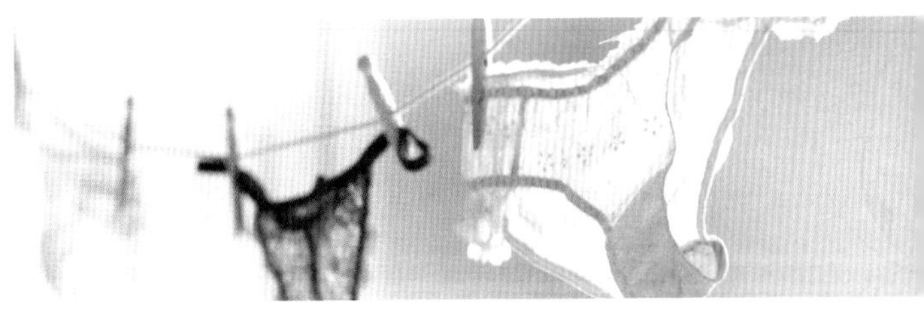

Hanako

人總是要有點不可理喻的時候。

——王爾德（***Oscar Wilde***）

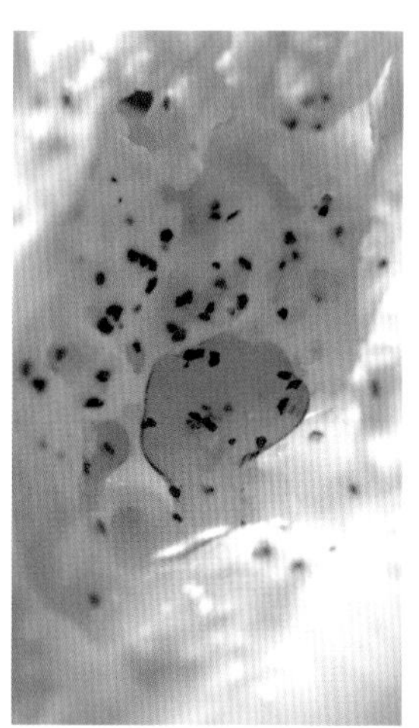

令人著迷的義大利起士

她，擁有最輕柔的肌膚、柔軟的身體和絲滑的外表。

迷人的外型和義大利的血統讓她成為每一場晚宴的焦點。La Burrata。這不是某位西西里島著名的女伶，而是牛乳製成的義大利起士，外表看起來像莫札瑞拉起士（mozzarella cheese），但內裡則包藏了無限驚奇。

感覺可能會很強烈。在剝去La Burrata綠色的外包裝後，用湯匙挖取起士，享受絲絨般細緻的綿密口感。一點點鹽和胡椒、一滴橄欖油，吃吧！純粹的天堂。

我們該怎麼感謝你呢？義大利？

Coopérativa Latte Cisternino

—*46 rue du Faubourg Poissonnière, 10th.* 地鐵 *Bonne Nouvelle* 站。
電話：*+33 (0) 1 47 70 30 36*

—*108 rue Saint-Maur, 11th.*地鐵 *Parmentier* 站。
電話：*+33 (0) 1 43 38 54 54*

—*17 rue Geoffroy St Hilaire, 5th.* 地鐵 *Censier-Daubenton* 站。

—*37 rue Godot de Mauroy, 9th.* 地鐵 *Havre-Caumartin* 站。
時間：週二至週六，上午*10*點～下午*1*點*30*分，下午*4*點*30*分～晚間*8*點，週日和週一則公休

★週四從義大利坎帕尼亞（***Campania***）新鮮直送

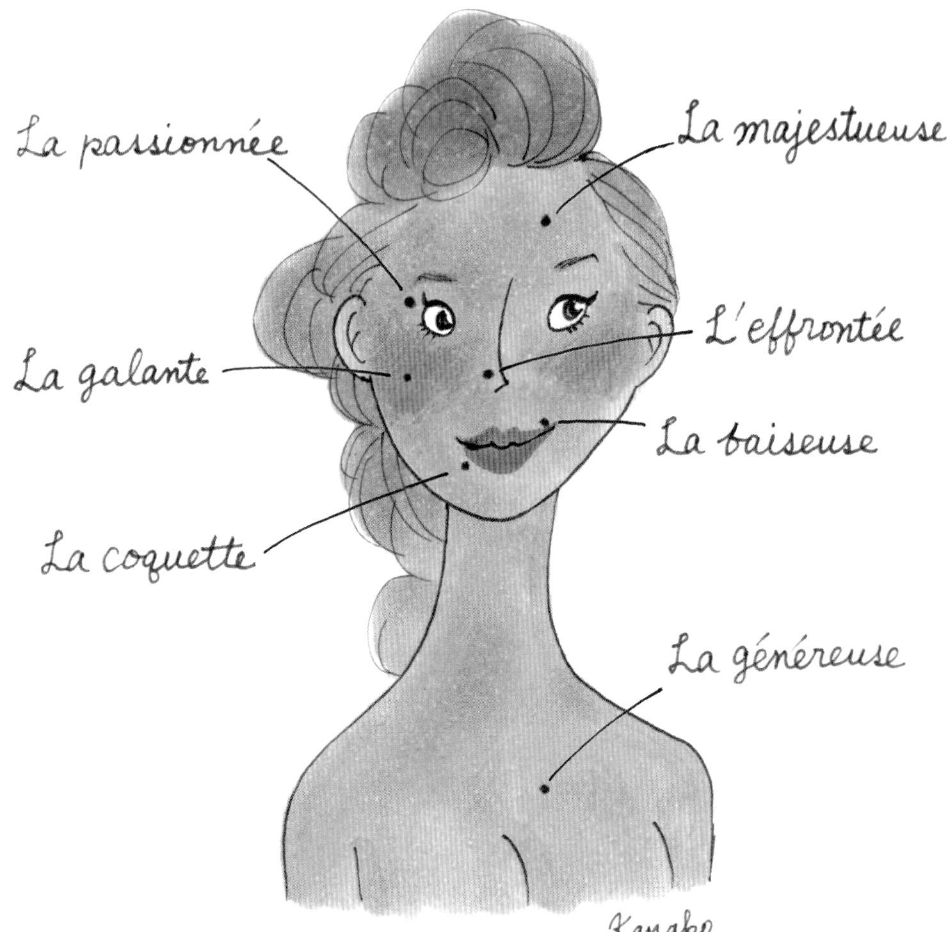
La passionnée
La majestueuse
L'effrontée
La galante
La baiseuse
La coquette
La généreuse
Kanako

殺手的秘密小武器

星期一，他覺得你很熱情。星期二，他發現你很隨性。星期三，他驚訝於你的大方。星期四，他糊塗了：這個人到底是誰？只要知道了你的小秘密，一切都會有答案。

一顆勾人的小小美人痣點綴在唇邊，另一顆則柔和地停留在眼角。如果你天生沒有辛蒂克勞馥（Cindy Crawford）那性感的痣，別慌張。我們可以借用十八世紀名妓的秘密，也就是「蒼蠅假痣」這樣的一小塊綢布，來凸顯肌膚的瑩白，以及強調五官和乳溝。不過不可以隨便點上這些美人痣，必須依照流傳百年、經實驗結果證實最有效的媚惑守則來安置。

「蒼蠅假痣」的位置（可對照 **p.80**）

熱情痣（La Passionnée）讓你散發惹火的眼神。大膽痣（L'effrontée）停駐在鼻子上。情人痣（La baiseuse）在唇邊徘徊。搖曳生姿的蕩婦痣（La coquette）則藏在嘴角。勇敢痣（La galante）位於臉頰正中。尊貴痣（La majestueuse）主宰了額頭。大方痣（La généreuse）強調了胸部。

參加死詩人社

扣、扣。沉重木門的門眼後面，出現一隻眼睛。輕柔的聲音要我們稍等一會兒：現在正在朗誦詩人韓波（Rimbaud）的作品，不可以中途打斷！等到神聖的朗誦告一段落，我們就能走進這家詩社。

1961年，詩人Jean-Pierre Rosnay和他的繆思Tsou在這家小酒館創立了這家詩社。這裡瀰漫著家庭溫馨的氛圍，也許是因為原本這裡就是創始人兒子和家人居住的地方。等我們坐下來，點了飲料，已經十點了，周圍非常安靜。我們進入了詩的領域。一個一個，演員、歌手、作家從椅子上站起身來朗誦一首詩。所有人，包括你在內，都可以起來朗誦。不過必須要用背誦的方式。

到了午夜，活動接近尾聲。波特萊爾（Baudelaire）邀請我們一同旅行，亞拉岡（Aragon）讚頌了愛爾莎（Elsa）的雙眸。你也許沒有跳到桌子上，不過的確知曉了一個被人嚴守的秘密：死詩人社其實還存在著。

Le Club des Poètes（詩社）
地址：*30 rue de Bourgogne, Paris 7th.*
交通：地鐵 *Varenne* 站
詩歌朗讀時間：週二、週五和週六晚間*10*點
門票 *5* 歐元，須電話預約：*+33 (0) 1 47 05 06 03*

翻找室內裝飾品

你剛搬新家，已經設想好了一切，丈量過所有的尺寸，研究了各家目錄做好功課，選擇好新的家具。牆壁的顏色看起來很美，地毯也很搭配。但在這完美的陳設中，不知道為什麼就是缺了那麼一點。

Ikea、Roche-Bobois、Habitat：不管你崇尚的是哪個品牌，最好還是別和樣品擺設一模一樣，不然會喪失了自家的靈魂。能夠救贖你的，就是街角的跳蚤市場，沒有什麼比得上搜尋可以凸顯家中設計的寶貝二手裝飾品。出發前往les puces，巴黎的終極跳蚤市場，在古董小攤和二手店家中細細尋找，讓自己沉醉在奇特又迷人的物品迷宮中。不要急，好好感覺、比較、考慮。如果這件裝飾品真的讓你神魂顛倒，再開口和老闆講價吧。阿們！

Puces de Vanves（***Vanves*** **跳蚤市場**）
地點：巴黎第*14*區的 *avenue Marc Sangnier* 和 *avenue Georges Lafenestre* 沿途
時間：週六和週日，上午*7*點～下午*1*點

Brocantes de Popincourt
地點：巴黎第*11*區 *rue du Marché Popincourt*、*rue Neuve Popincourt* 和 *rue Ternaux* 上的商店
交通：地鐵 *Oberkampf* 或 *Parmentier* 站
時間：週一休市

「*Et puis c'est tout!*」（*50*～*70* 年代的商店）
地址：*72 rue des Martyrs, Paris 9th.*
交通：地鐵 *Pigalle* 站
電話：*+33 (0) 1 40 23 94 02*
時間：週一下午*2*點～晚間*7*點，週二至週六中午～晚間*7*點*30*分

HENRY
CHAPELIER ANGLAIS
33, RUE TRONCHET, PARIS

BOUCHONS
QUEUES DE CERISES

BLANCHISSER

新奇事業

CAREER

創造你的下一份工作

哪些行業在巴黎真的存在？

（答案可見本頁的下方）

專業派對毀滅者
他會跑來你的派對上，以為自己是在活絡氣氛、享受人生。

八卦宣傳者
他從左鄰右舍四處蒐集八卦和廣告，然後在廣場上大聲嚷嚷出來。

私人燈光工程師
他每天都跟在你後頭，確保你永遠沐浴在聚光燈底下。如果一不小心被別人擋到了，他會馬上幫你在背後打上強光。

派對偵探
他會想盡辦法打聽到巴黎所有秘密宴會的消息，然後幫你拿到邀請卡。

自信啦啦隊
他會在你的臉書照片上留言按讚，星期六晚上還會打電話給你讓你開心。

私人音樂家
他會無時無刻在你身邊放出正確的背景音樂，活像在演音樂劇一樣。

試用專家
她會在你做任何事情之前先幫你試用，確保這樣東西適合你：餐廳、旅遊，甚至是男友。

專業第三者
需要拆散不開心的情侶時，他就會出現。

答案：巴黎真的有八卦宣傳者和派對偵探。八卦宣傳者會在週六晚上出現在 *Quartier des Amandiers*（第20區）。派對偵探可至 *www.germainpire.info* 查詢。試用專家和專業第三者也是有的，不過只存在於電影中（《當男人看上男人 *Une affaire de goût*》、《戀愛救火隊 *L' Arnacoeur*》）。至於其他行業，目前不存在……。

Olivier

Town crier

2 rue Crillon, 4th

TASTER

17, PASSAGE DUBUFFET
PARIS 12TH
06 32 45 75 12 32

MARTIN AMBLARD

PROFESSIONAL PARTY-CRASHER

PORTE DE LA MUETTE

CONTACT@ETIENNEDISCUTE.COM

戴上一頂 為你特製的帽子

你當然會想知道自己該戴哪種帽子去參加一場即將在克里雍（Crillon）飯店舉辦的婚禮，或是香緹馬場的黛安娜馬術大賽（Prix de Diane Derby）。應該是亨佛萊鮑嘉（Humphrey Bogart）的爵士帽、羅美雪妮黛（Romy Schneider）的草帽、賈桂林歐納西斯（Jackie O）的郵筒帽，或也許是奧黛莉赫本（Audrey Hepburn）的羽毛帽？

Cerise正是你所需要的女性。這位年輕的造型師將帶你進入她的美麗時裝店。這裡也是她的工作室，將你想要的所有元素組合成一頂為你特製的帽子。

選好一個特別的時代，1920、'40、或'60……然後挑選材質、緞帶和顏色。

小心喔，戴上帽子，你很可能會被誤認成某位名人。

La Cerise sur le chapeau

地址：*11 rue Cassette, Paris 6th.*

交通：地鐵 *Rennes* 站

電話：*+33 (0) 1 45 49 90 53*

時間：週二至週六，下午 *1* 點～晚間 *7* 點

價格：*70*～*140* 歐元

La Cerise sur le
11

心靈療傷

REMEDY

在巴黎治療情傷的處方

MY LITTLE PARIS

MÉDECINE GÉNÉRALE

92 1 18789 4

Consultations :
Lundi, Mardi, Mercredi, Jeudi, Vendredi
9 h - 13 h et 15 h- 20 h
Samedi 9 h - 13 h

57, rue du Pré
92300 LEVAL
Tél. : 01 47
Fax : 01 47

診斷：和平分手

療法：*3* 個月，若症狀未減需持續追蹤。

√每天到羅浮宮欣賞情聖卡薩諾瓦（*Casanova*）的塑像，提醒自己前男友有多少缺點。

劑量：開始的第一個月每週去一次，然後一個月去一次。

√在*ebay*上拍賣你的前男友，最後看看他到底值多少錢。

劑量：一週一次，持續一個月。

√去 *Zazen* 髮廊（地址在 *38 rue du Roi de Sicile, 4th*）剪個新髮型，享用他們的「分手特價」。

劑量：療程一開始就去。

√打電話給自信啦啦隊（見 *p.88*）。

bre d'une association agréée, les règlements par chèque sont acceptés.
cas d'urgence, appelez le 15.

有事業是很棒，但是在寒冷夜晚裡
事業無法讓你取暖。

——瑪麗蓮夢露（***Marilyn Monroe***）

學跳熱舞

官方說法？一次。真實次數？14次。《熱舞十七（*Dirty Dacing*）》這部電影你根本看得爛到每一秒鐘都能倒背如流。現在你可以說出實話，並完成心中的夢想：學跳《熱舞十七》裡面的舞碼。預備……開麥拉！

Nicolas和Anne不是普通的舞蹈老師，她們只教《熱舞十七》這支舞。不管是想在婚宴時炒熱全場的準新郎新娘，或只是想享受舞蹈樂趣的一般人，只要上幾個小時的課，就能夠熟練最後一幕那支熱舞的每一個舞步。你只需要準備一件美麗的白洋裝和漂亮的高跟鞋，還有一個敢跳派屈克史威茲（Patrick Swayze）舞步的舞伴。我們保證你絕對從來沒有這麼快樂過。

《熱舞十七》舞蹈課
預約課程，可致電*Anne*：*+33 (0) 6 63 91 88 82*或*Nicolas*：*+33 (0) 6 63 93 50 06*。亦可*email*預約：*pouge-pouge@hotmail.fr*
授課時間：週一至週四是下午*2*～*5*點，週五晚間，週六、週日整天
*1*小時私人課程，兩位老師同時授課：每對舞伴*100*歐元

在夢幻的秘密基地
抿一口雞尾酒

巴黎人（至少有那麼一次）會異口同聲地說：這裡是巴黎最終的避難所，真的是一個非常非常隱密的地方。位於蒙馬特中心一座秘密樓梯的頂端，獨特酒店（Hôtel Particulier）是一座茂密綠意圍繞、真正的頂級度假酒店，原本是屬於愛馬仕家族的產業。這家頂級酒店擁有自己最為私密的酒吧「Très Particulier」，當然是絕對需要預約的。一架鋼琴、幾張散置的桌子，熟客在燭光底下下著棋。而在柔軟皮革的吧台後頭，是由紐約的調酒師David來為你服務。他是一位真正的雞尾酒藝術家，讓已經被人遺忘的古老調酒重新展現在你微醺的雙眸前。這家頂級酒店還有五間美麗的套房，全由當代藝術家所設計。非常夢幻。

Bar privé Le Très Particulier
位於蒙馬特獨特酒店（*Hôtel Particulier de Montmartre*）
地址：*23 avenue Junot, Paris 18th.*
交通：地鐵 *Blanche* 或 *Lamarck-Caulaincourt* 站
電話：*+33 (0) 1 53 41 81 40*
網站：*http://hotel-particulier-montmartre.com*
（按下黑色大門上的門鈴，告知對方你想到酒吧喝一杯）
時間：週三至週六，下午 *5* 點～晚間 *11* 點，須預約

一杯以你命名的雞尾酒

你可能覺得Tristan太無趣、Pierre有點冷漠，不過Olivier和你非常契合。巴黎人最新的流行是什麼呢？讓巴黎最棒的調酒師調出你喜歡的雞尾酒，並用你的名字來命名。在這個當下，你也不得不自戀起來。

走到Rue Dauphine的Pixel酒吧，告訴調酒師Michel你最喜歡的材料，他就會搖出你心目中的夢幻雞尾酒。焦糖伏特加、新鮮薑汁、君度橙酒、杏桃白蘭地——盡情放縱你的奇思妙想。如果你喜歡這杯雞尾酒，Michel就會用你的名字來命名，然後列在酒單上。如果感覺不對，Michel會加上自己的獨家配方把味道修到完美。

最後還有一點很重要，你一定得試試這裡精緻的古巴調酒，是公認全巴黎調得最好的mojito。

Pixel **酒吧**

地址：*10 rue Dauphine, Paris 6th.*

交通：地鐵 *Odéon* 站

電話：*+33 (0) 1 44 07 02 15 / +33 (0) 6 58 41 61 15*

時間：週二至週六，下午 5 點～凌晨 2 點

被遺忘的蔬菜們

防風草根
胡蘿蔔的堂弟

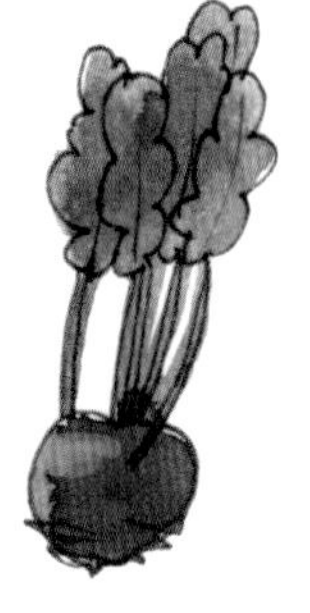

黃蕪菁
高麗菜和蕪菁的結合

耶路撒冷朝鮮薊
朝鮮薊家族

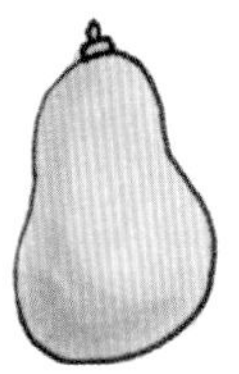

奶油瓜
有奶油的味道

蒲公英
沙拉的雙胞胎

甜餃瓜
栗子和榛果的口感

Kanako

重新發現
被遺忘的蔬菜

「你知道昨天Simone在晚餐的時候端出什麼嗎？好慘，她完全搞不清楚狀況。應該要有人告訴她蘆筍早就過時，而且小黃瓜也太不上道了。」

時尚和流行現在操控了整個蔬果產業。在被大家忽視了好幾十年之後，這些蔬菜老朋友又重回舞台。不但如此，他們還成為農業市場上最新春夏流行的明星。跨坐在冷藏庫最底層的租金管制佃農，被這些名字很有趣的古老作物，像是防風草、黃色蕪菁和蒲公英，所淘汰。想要選購品質最佳的蔬果，我們推薦在Boulevard Raspail上的有機市場裡，Proxibio這個攤位。

***Proxibio* 蔬果攤**

地點：*Boulevard Raspail* 上的有機市場，*68* 號和 *74* 號之間，巴黎第 *6* 區

交通：地鐵 *Raspail* 站

(幾乎就是)高級訂製服

時裝週開始，你一直想知道最喜歡的設計師做好本季的衣服後，剩下的用料究竟到哪兒去了。應該是躺在某種柔軟繽紛的珍貴天堂吧，你是這樣覺得。但我們誠懇建議你再多想想看。

Eva Zingoni原本是流行趨勢預測家Li Edelkort旗下的一員，還在巴黎世家（Balenciaga）當過為富人與名人服務的私人造型師。她現在專門從時裝設計大師那兒回收剩餘的衣料，帶回工作室進行改造。絲綢布料、印花雪紡、波紋綢緞和金屬纖維羊毛堆滿在小小的公寓裡，等待新生。這兒可不是什麼虛擬的夢幻仙境，這位女性設計師擁有獨到的眼光，她小心地展開這些柔軟的珍寶，將他們變成一件件性感、好穿的時尚小禮服。

高級訂製服碰上Eva的才華，每一件衣服都是僅此一件的限量品。當你來到Eva的工作室試穿夢想中的美衣，她還會幫你修改得更為合身。這簡直是比高級訂製服更為豪華的待遇。

工作室地址：*83, allée Darius Milhaud, Paris 19th.*
交通：地鐵 *Ourcq* 或 *Danube* 站
電話：*+33 (0) 1 42 49 05 32*
網站：*www.evazingoni.com*
價格：時裝、禮服 *95～550* 歐元

Cléo

EVA ZING
VIVE LA MODE

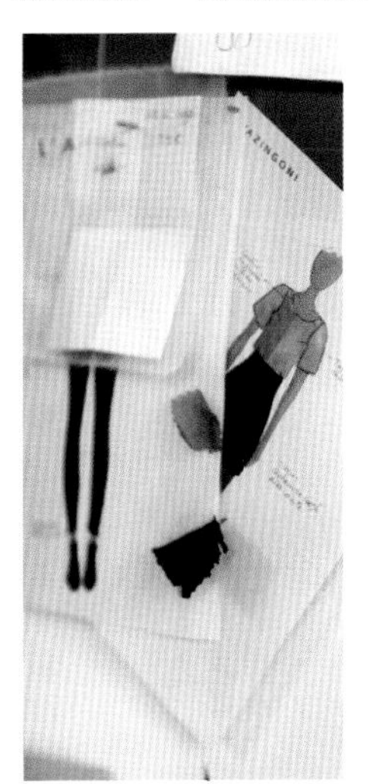

500 NECKLACES

73
74
75
76
77
48
49
50

雖然已經分手
5年了，但我還是
很想你
Kanako

千萬別酒後亂寄email

凌晨3點16分。你回到家，微醺。剛結束一場棒呆了的派對，也喝多了，你覺得自己就像全世界的女王一樣，什麼事情都做得到。你決定在上床睡覺前看一下email。這真是天大的錯誤。突然，不知道為什麼，你寄了封email給幾百年沒聯絡的前男友要求復合，然後決定跟你的死黨坦白1998年3月開的那個很過分的玩笑，最後你寫信給工作伙伴大罵他是個混蛋。

上午11點32分，你驚醒了，神智恢復了，發現自己幹了蠢事。

我們都犯過這樣的錯，深深懊悔著半夜衝動寄出的email。雖然發信的當下是滿滿的神采與自信，但第二天早上卻成了殘酷地可悲。為了確保自己不會再犯下任何無法修復的錯誤，Google設計了一個酒測程式。如果你是Gmail的使用者，可以在設定的部分開啓「狂歡後」選項。如此一來，想要寄出任何郵件，都必須在60秒內答對5個簡單的數學計算。假如答不出來，就只好等到早上再把信寄出去。

不過還是得小心，因為簡訊的部分尚無法提供這項服務。

英文介面的任何 ***Gmail*** 帳號均可使用：
http://www.google.com/accounts/ManageAccount

把自己交給
一雙值得信任的手

你頹然地踏進去，全身緊繃、精神沮喪；你開朗地走出來，心情愉快、紓緩放鬆。Xin-Sheng是一家傳統的中式按摩店，位於「心靈祥和」的一個角落，而且價格非常合理。一小時35歐元，半小時20歐元。在巴黎哪兒還能找到更便宜的地方呢？

走進店裡沒多久，你就開始感覺不那麼疲憊了。中國風的擺設，門口的兩隻金絲雀，還有接待小姐溫柔親切的態度，立刻能讓你即將接受按摩的肩膀輕鬆起來。接下來的一切都很愉快。挑選按摩油，閉上眼睛，開始享受。在按摩師專業的手法下，你慢慢地擺脫了難受的一天，身體的每個部分也逐漸活絡起來。實在很難相信這樣愉悅的感官享受居然每一天從早到晚，都能隨時擁有……

Institut Xin-Sheng

地址：*56, rue du Faubourg Poissonnière, Paris 10th.*
交通：地鐵*Poissonnière*或*Bonne Nouvelle*站
電話：*+33 (0) 1 42 46 10 62*
時間：每日上午*10*點～晚間*10*點
價格：中式按摩*1*小時*35*歐元（身體），泰式按摩*1*小時*40*歐元（身體）背部或頭部按摩半小時*20*歐元，腳底按摩*1*小時*30*歐元。

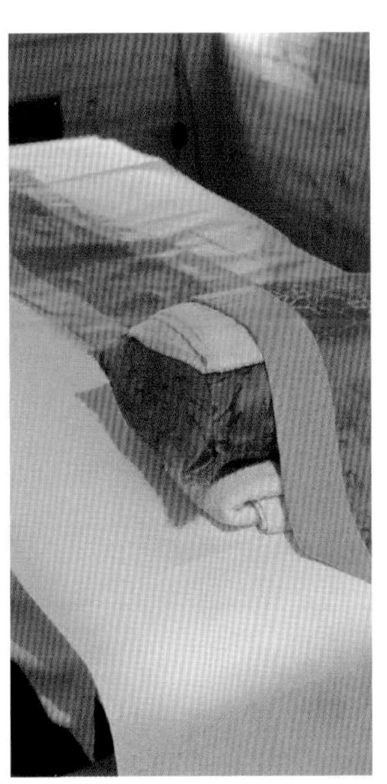

接受一個非求婚

「Pinceau小姐，你願意不要嫁給Martin先生嗎？」區長先生是在胡搞瞎搞嗎？其實不是。只有在這個週日，歡迎你大聲說不！

每一年的蒙馬特葡萄園慶典，巴黎的情侶會來到阿貝斯廣場（Place des Abbesses）那面讚頌愛情的牆下，耐心地等待第18區的區長Daniel Vaillant為他們「證不婚」。這個儀式讓這些不想走傳統結婚誓言的戀人們，擁有一個在大眾面前表達愛意的機會。至於沒有不想結婚的人呢，也可以來參加這個盛宴，品嘗當地的蒙馬特葡萄酒（cuvée des vignes de la Butte），瀏覽充滿藝術氣息的街道，加入在蒙馬特各個山丘上舉辦的舞會。

公證不婚儀式

地點：每年十月蒙馬特葡萄園慶典期間，於阿貝斯廣場

網站：所有資訊均公布在*www.fetedesvendangesde-montmartre.com*

★情侶可至第18區的區公所登記，

或致電：+33(0)1 53 41 17 82

L'ILE DU MARTIN PÊCHEUR
Guinguette
Kanako

Kanako

任何事物都能啟發你的靈感，
如果找不到的話……就再看一次。

——保羅史密斯（***Paul Smith***）

紓緩的空白頁

（把你的煩惱都寫在這面牆上）

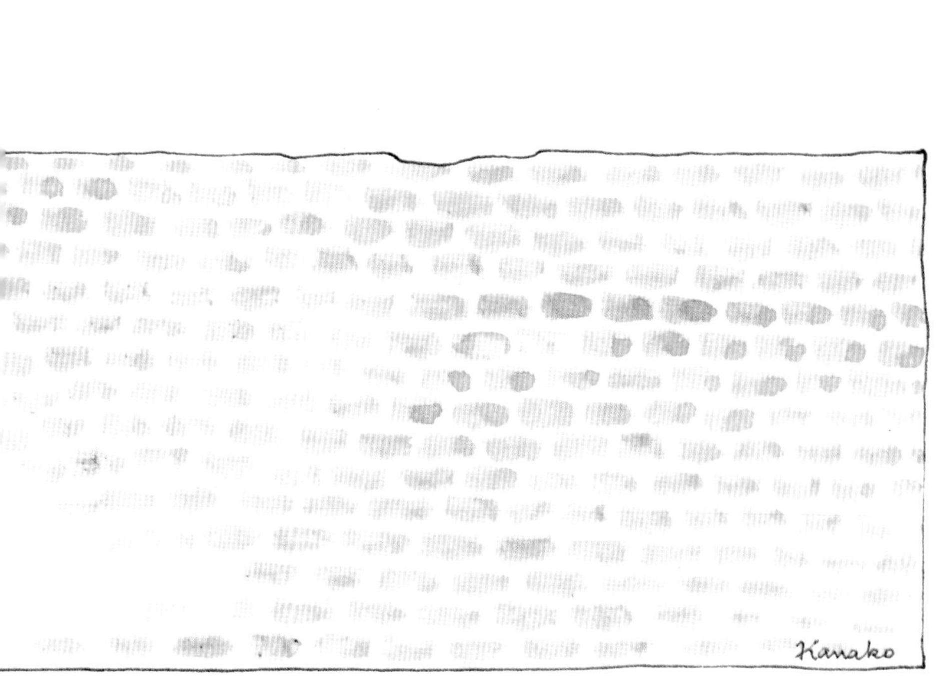
Kanako

Kanako

把自己的孩子變成小小畢卡索

你最小的孩子畫起畫來就像個天才。你總是四處對別人說，他將來成就一定不亞於畢卡索。他的色彩新奇大膽，繪畫主題非常有深度。現在就是你來幫他完整地展現自己的時候了。

將他最新的蠟筆畫寄到e-glue網站，他們會把這張傑作印成巨大的貼紙。你家客廳一下子就能變成一家畫廊，每個人都能夠欣賞到孩子的畫作。

價格：*39～139* 歐元
網站：*www.e-glue.fr*（全球均可郵寄）

七號天堂的音樂會

「明天在七號天堂聚會。」

如果你剛好是收到這封簡訊的幸運女孩，請馬上回覆。你不會希望自己錯過這個值得紀念的夜晚：在可以俯瞰蒙馬特的公寓露台上舉辦的私人音樂會。

Damien和Julie的公寓可以眺望聖心堂（Sacré Coeur），他們希望別人也能欣賞到這樣的美景。因此，在夏天晚上，他們會邀請完全不認識的陌生人到家裡來參加一場戶外音樂會。大概有30位客人在開場前最後一分鐘收到簡訊邀請，聚集在露台上聆聽著來自七號天堂的音樂。而你，可能就是下一位幸運兒。

Les Concerts du 7 ciel 七號天堂的音樂會

網站：更多資訊可洽*http://7ciel.net/concerts/*

★想要獲得音樂會邀請簡訊，請參加***Pop News***的選拔賽

Kanako

享受世界上最好吃的火腿

圓潤、柔嫩、豐盈、濃郁、力量、層次。我們正在說的是葡萄酒嗎？喔不！不過吃這個東西可以挑起類似程度的無盡快感。只要吃上一口，便無法停下來。這就是Bellota Bellota，世界上最好吃的火腿。

柔軟的纖維像焦糖一樣在你口中融化，滑過你的上顎，飽滿豐富的口感挑逗著你的味蕾。

火腿是擺在一個火山型的容器裡，下面墊著用燭火保溫的熱盤子，這樣每一片火腿才會呈現出微溫而帶有光澤。你只能用手拈來吃！最後搭配幾盤精緻的西班牙小菜和一杯煙燻味的西班牙葡萄酒。真是完美的胃部三重奏。

Jabugo Iberico & Co
地址：*11, rue Clément Marot, Paris 8th.*
交通：地鐵 *Franklin D. Roosevelt* 站
電話：*+33 (0) 1 47 20 03 13*
時間：週一至週六上午*10*點～晚間*9*點（週六至晚間*8*點）

Bellota Bellota
地址：*18 rue Jean Nicot, Paris 7th.*
交通：地鐵 *La-Tour-Maubourg* 站
電話：*+33 (0) 1 53 59 96 96*
時間：週二至週六中午～下午*3*點，晚間*7*點～*11*點
網站：*www.bellota-bellota.com*

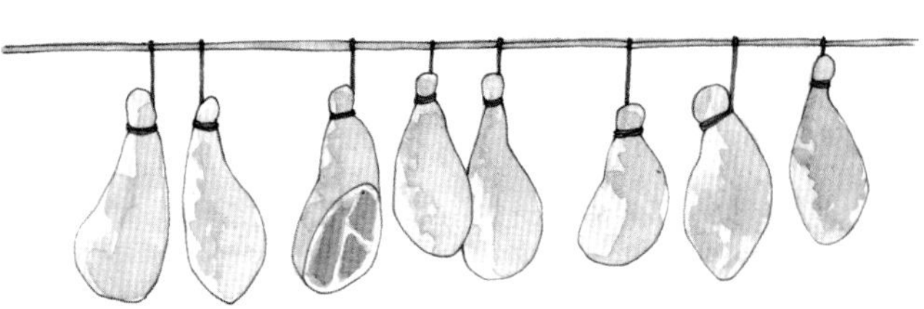

打扮得像個VIP

時髦的女孩都知道這個竅門，她們不會認為「外表配備」可以解決一切時尚的問題。混搭才能展現風格，像是香奈兒配上H&M……如果再加上一些懷舊風格會更棒。

古董衣？光是翻找成堆臭撲撲的舊衣物這個念頭，就讓你直接聯想到Gap。

何不到Sylvie Chateigner的精品店裡來堂VIP等級的指導課呢？Sylvie不僅是古董衣大師，也因為經常出席巴黎最時尚的派對，所以對時裝和配件穿搭很有經驗。來看看吧：位於République這一區的店面，一樓是精選的名牌古董衣物（像是YSL、Alaia、Dior等），地下室則有許多相當便宜的商品（10歐元的絲質短洋裝、14歐元的軍裝風上衣等）。

我還能說什麼呢？你現在可能就覺得自己是個VIP了吧！

Thanx God I'm a V.I.P.* 感謝老天，我是個*VIP
地址：*12, rue de Lancry, Paris 10th.*
交通：地鐵 *Jacques Bonsergent* 或 *République* 站
時間：週二至週日下午 *2* 點～晚間 *10* 點

禪

ZEN

美好的中場休息

與其一口氣讀完這本書，還不如一次只看一點點，慢慢來。去收個 *email*、倒杯茶、剪掉衣服上擾人的脫線——或者試試倒立成這種瑜伽姿勢。

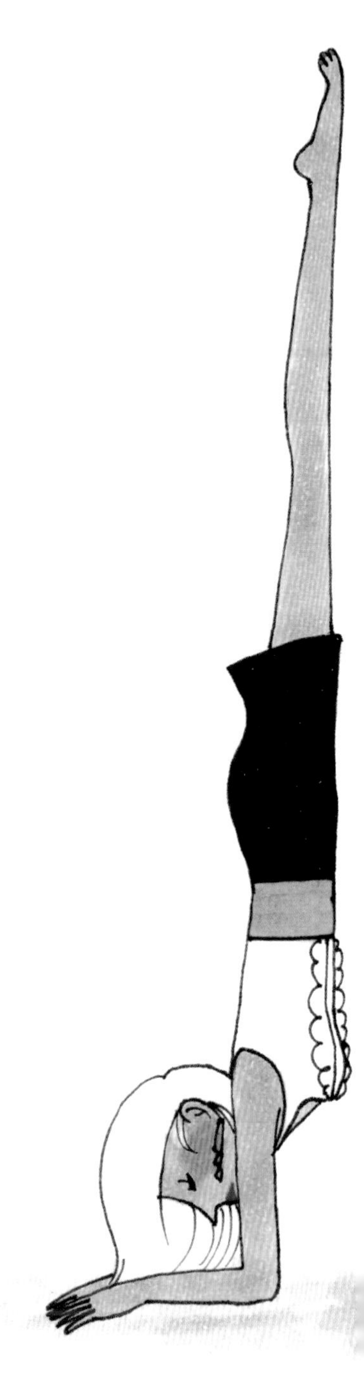

和阿嬤幫交關一下

外頭冷斃了。如果有位慈祥的阿嬤能幫我們溫暖快要凍掉的耳朵，是不是很棒呢？「金鉤針（Golden Hook）」網站的創始人Jérémy Emsellem集結了一群阿嬤級的編織快手，為世界各地凍壞了的時髦小姐們提供手編毛線帽和漂亮的圍巾。

如果你想知道這幫阿嬤裡有些什麼樣的人，可以瀏覽「金鉤針」的網站。開始挑選你喜歡的阿嬤吧：Sarah，85歲，喜歡看益智遊戲節目「幸運之輪（Wheel of Fortune）」；Maïté，波爾卡土風舞者；或者是Ginette，喜歡一邊編織一邊聊八卦。然後選擇帽子或圍巾的設計款式、材質和顏色。你喜歡經典的紅色無邊帽、安哥拉保暖護耳帽，還是黃色的喀什米爾圍巾？最後的收尾：阿嬤的名字會繡在內側的小標籤上。別忘了說聲謝謝！

在「金鉤針（***Golden Hook***）」訂製屬於你的帽子和圍巾
網站：*http://www.goldenhook.fr/*
價格：帽子約 *50～70* 歐元，圍巾約 *90* 歐元

隨著四季改變的早午餐

春日

籠罩在濃郁樹蔭下的田園露台讓你沉靜下來，甜美的香草融化在口中。好好享受吃到飽的炒蛋、巧克力甜點、煙燻鮭魚、鮮榨果汁、巧克力可頌和牛角麵包。

L' Entrepôt

地址：*7/9 rue Francis de Pressensé, Paris 14th.*
交通：地鐵 *Pernety* 站
電話：*+33 (0) 1 47 40 07 50*
價格：早午餐 *25* 歐元
★建議事先訂位

秋日

找個軟綿綿的大抱枕舒服地坐下，讓自己像隻正在孵蛋的母雞一樣舒服，然後從超過一百種雞蛋料理的菜單上選擇自己喜歡的種類，搭配一些畫龍點睛的配料：松露、Beaufort起士、蘆筍、鵝肝醬、鮭魚，或是一點薰衣草。這是愛吃雞蛋的人士適合的早午餐。

Eggs & Co

地址：*11, rue Bernard Palissy, Paris 6th.*
交通：地鐵 *Saint-Germain-des-Prés* 站
電話：*+33 (0) 1 45 44 02 52*
網站：*www.eggandco.fr*
時間：週三、週四和週五是中午～下午 *2* 點，晚間 *7* 點 *30* 分～*10* 點 *30* 分；週六和週日則是中午～下午*4* 點 *30* 分
★強力建議事先訂位
★週三至週日供應早午餐（**22** 歐元）

夏日

享受一整個上午純粹普羅旺斯般的寧靜，唯一欠缺的只有蟬聲。在大廳裡的百年橄欖樹下，或是在茂密綠意和經典藍色百葉窗圍繞的迷人頂樓露台上，享用你的早午餐。彷彿是在法國南部河谷地區的某個小小挑高農莊裡那般愜意。

La Bellevilloise

地址：*19-21, rue Boyer, Paris 20th.*

交通：地鐵 *Menilmontant* 或 *Gambetta* 站

電話：*+33 (0) 1 46 36 07 07*

網站：*www.labellevilloise.com*

冬日

刺骨的寒風、冰凍的夜晚。你可以用一頓可愛的早午餐喚醒自己的精神。Depur 擁有古老英式俱樂部般的氣氛，讓你會想要包在一條喀什米爾的披肩裡做個白日夢—就像在家裡一樣。

DEPUR

地址：*4 bis rue Saint-Sauveur, Paris 2nd.*

交通：地鐵 *Réaumur-Sébastopol* 站

電話：*+33 (0) 1 40 26 69 66*

時間：週一至週六是上午*8*點～凌晨*2*點；週日則是上午 *11* 點～下午*4* 點（早午餐 *28* 歐元）。

★事先訂位

把你的家
變成一本(茶几精裝)書

尋覓了好幾年，你終於搬進了自己夢想中的公寓。你對自己說，要把家裡裝潢得很漂亮，花了好久的時間在跳蚤市場東挑西撿，即使是再微小的細節也不停反覆改正，把一切破了、壞掉的地方都修理完好。但是突然，註定會有這麼一天，你厭了倦了，想搬到一個更大的地方，擁有更多的空間、更明亮的採光。

當然，你很開心能搬家，但也完全不想把這些快樂的回憶拋在腦後。攝影師Ricardo Bloch了解這一點。只要花上幾個禮拜，他就能幫你照遍家裡的每一個角落，然後印製成一本獨一無二的茶几精裝書《人生風景（Lifescape）》。一個值得永遠記住的地方。

www.ricardobloch.com
電話：*+33 (0) 6 67 75 97 79*
價格：面議
聯絡方式：*contact@ricardobloch.com*

VOGUE

Kanako

生活就像騎單車，為了保持平衡，
你必須一直前進。

——愛因斯坦（***Einstein***）

最近的判例：

女性在夏天比較美麗嗎？

星星能夠再次點亮嗎？

愛一點點其實是愛太多嗎？

美好的事物一定都終會結束嗎？

我們應該把情書燒掉嗎？

我們應該長大嗎？

盤裡的餐點每次都要全部吃光嗎？

光是言語就能夠療傷嗎？

明天真的會是新的一天嗎？

複製品會比原創品好嗎？

知道是瘋子還應該去愛他嗎？

不活著還能存在嗎？

女人是好人嗎？

黑貓不快樂嗎？

參與瘋狂的審判

幻想一下，一名年輕英俊的律師正要站起身來進行辯論，你以為會充滿戲劇轉折、喜怒哀樂與淚水，結果他開口便是：「各位陪審團的先生女士，我今天所要主張的是，女性擁有Manolo Blahnik高跟鞋的權力應寫入憲法。」

你不是在做夢，這是巴黎律師工會舉辦的辯論大賽，全巴黎最厲害的律師們在這裡使用強而有力的言詞，激辯著令人坐立難安的主題。充滿生命力的抗辯和出人意料的論證你來我往，為了讓列席者對他們主張的正當性心服口服。我們應該把情書燒掉嗎？第三次約會就哭出來可以嗎？

法律和無秩序其實更為有趣。

辯論賽日期的資訊，可上網查詢 ***www.laconference.net***
巴黎法院圖書館
地址：*Boulevard du Palais, Paris 4th.*
交通：地鐵 *Saint-Michel* 站

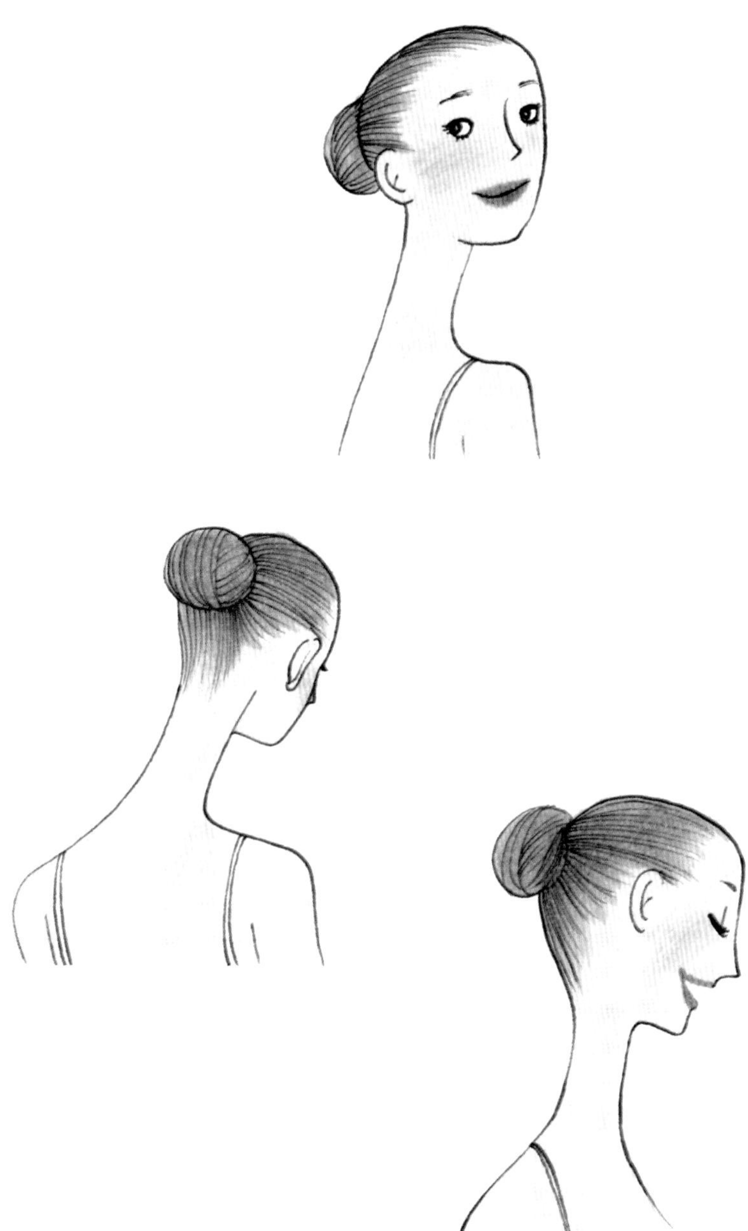

在包頭沙龍旁停下腳步

娜塔莉波曼（Natalie Portman）的芭蕾舞者包頭，奧黛莉赫本（Audrey Hepburn）的大捲包頭，黛安克魯格（Diane Kruger）的髮辮包頭。每個女人都有適合自己的包頭髮型。那你呢？隨便扭幾圈然後用舊髮帶紮起來。不用說，你非常需要去一下包頭沙龍。

在一棟十八世紀的建築裡，Marianne Gray的美髮沙龍另闢了一個特別的「櫃檯」。在這裡，包頭專家會依照你的喜好，將你的頭髮聚攏、拉直、扭轉、梳亮、盤起，最後固定。只要一會兒的時間，而且不用花大錢。要知道，這頭上由專人盤起來的髮髻，就和一雙高跟鞋一樣迷人呀！

Marianne Gray **美髮沙龍的包頭專櫃**
地址：*52, rue Saint-André-des Arts, Paris 6th .*
預約電話：*+33 (0) 1 46 33 72 32*
價格：依照包頭所花的時間略有差異，*10*分鐘*20*歐元，*20*分鐘*40*歐元，以此類推

吃一頓秘密晚餐

你不知道地址，不知道菜單，甚至也不認識一同進餐的其他客人。你唯一知道的是這個晚上會過得相當精采，吃到非常豐盛而精緻的一餐。這種秘密晚餐是在美國興起，現在直接引進巴黎的大小公寓。目的是想讓十幾個陌生人一同享用美食，互相交流分享。

我們最喜愛的小館是「秘密廚房（Hidden Kitchen）」。一對熱愛美食的年輕美國夫妻，迎接你進入他們在巴黎的家，招待你享用一頓美味的大餐。桌上至少有十幾道菜餚，每一道菜都配上了適合的葡萄酒，一字排開彷彿是一家四星級的餐廳。慢慢地，客人們放鬆下來，話匣子打開了，也互相熱絡起來：很多是美國人，其中一對來自波士頓，還有一個紐約的建築師。當然也有幾位巴黎當地人，努力地試著用英語溝通。

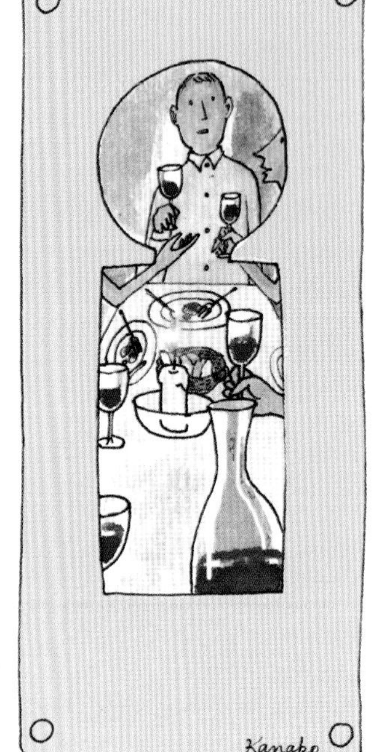

如果覺得這個與完全不認識的陌生人共享秘密晚餐的主意非常吸引你，可以寫信到 hkreservations@gmail.com，靜待下一步指示。要有耐心，可能需要等上幾個禮拜才有機會一窺「秘密廚房」的神秘。

秘密廚房 *Hidden Kitchen*
網站：*hkmenus.com/french.htm*
email 預約：*hkreservations@gmail.com*
價格：每人80歐元

HOTEL

火辣辣

SPICY

安排一個 屬於自己的偷情時刻

試試以下的方法，
將自己的伴侶變成外遇的秘密情人

1. 挑一家不在自己活動範圍內的旅館訂房休息。

2. 穿上皮衣。

3. 給自己的男友傳一個神秘而挑逗的約會簡訊。

4. 找個讓自己老闆無法拒絕的藉口，蹺班幾個小時。

5. 先一步抵達旅館。

6. 在男友走進房間時忍住不說：「嗨！寶貝！」

7. 一個鐘頭後，趁著男友還在睡，悄悄離開房間。故意把灑了香水的絲巾留在床上。

8. 晚上到家和男友碰面時，假裝沒事而且絕對不要提到之前偷偷摸摸的約會。

對抗
週日晚間的憂鬱

你不知道是什麼時候出現的。週六和朋友在巴黎逛大街，週日賴在床上打滾。然後，夜幕低垂時，它就出現了，出乎你的意料：週日晚間的憂鬱。

位於蒙馬特區的La Famille餐廳，老闆極富遠見地找到能夠溫暖你心靈與味蕾的完美療方。每個月的第一個週日，他們為即將受害的週末愛好者提供了一個天堂：特價的套餐，以及非常必要的言談交流。只要10歐元，你就能享受一套正式的三道菜創意餐（例如Saint-Moret法式起士羅勒湯、日式蘑菇披薩和都會酥派），同時和新認識的週日晚餐夥伴聊聊天。晚上8點開始營業，最好能早點到，免得等太久。

La Famille **的週日特價晚餐**
地址：*41 rue des Trois Frères, Paris 18th.*
電話：*+33 (0) 1 42 52 11 12*
交通：地鐵 *Abbesses* 站
時間：每月第一個週日晚間*8*點開始（晚間*7*點*45*分前抵達）
價格：超級特價套餐*10*歐元（含前菜、主菜、甜點）
★不接受訂位

LA famille
Kanako

新鮮食品
蔬果為你宅配到家

無論何時，只要壞天氣讓你無法穿上水玉圓點小洋裝、挽著可愛的提籃，不克親自到傳統露天市場採買新鮮食品，Fraicolo先生都可以幫你的忙。

他不只幫你採購，還會帶著你的採購單直接到提供全巴黎所有食品蔬果的傳奇集貨大市Rungis去，這樣才能以非常低廉的價格買到最佳的品質：有機蔬菜、最多汁的季節水果、新鮮柔嫩的肉品、火腿和肝醬，還有非洲直送的新鮮玫瑰。

他會一個攤子、一個攤子大聲地和貨商講價，把你的菜籃裝得滿滿的。採買完畢之後，便會跳上那輛環保三輪車，送貨到你家，甚至是你的辦公室，隨你的意思。Fraicolo先生真的是一位特別的紳士。

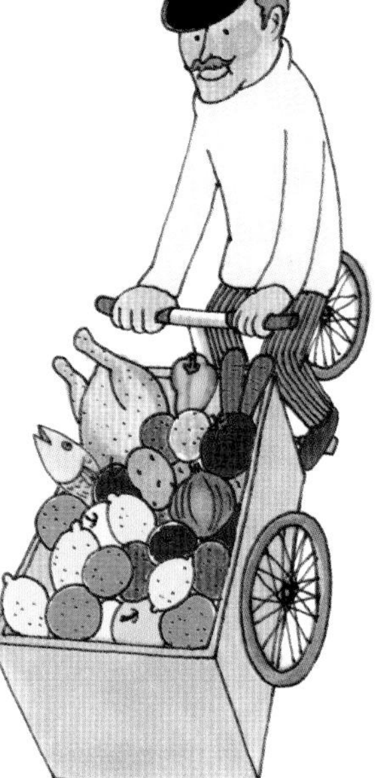

www.mon-marche.fr
單次採購：最少*39*歐元起
運費：巴黎市區及近郊*5.99*歐元

大聲歡笑

你知道巴黎最新流行的笑話是什麼嗎？像這樣：「每天，有個攝影師會邀請知名人士或無名小卒到他的工作室幫他們拍照……」最後的成品是這些人大笑的照片！在這15分鐘的攝影時間中，究竟發生了什麼樣創造出歡笑的故事，沒有人知道。

David Ken的「大聲歡笑（LOL）」計畫，拍下了歡樂的巴黎人最美麗、最自然的神態與笑容。David在他的工作室裡免費幫人們拍照，然後把照片放到網路相簿上。所有人都可以來這裡拍照。年輕的、年老的、憂愁的、輕鬆的、忙碌的、正的、反的、時髦的、隨意的。David會在15分鐘內讓他們真心地大笑出來。他的理念充滿了希望解除人心防備的善意。他的夢想是希望巴黎能夠微笑。

參與*LOL*計畫

如果你想要享受*15*分鐘純粹的好心情，並擁有一張非常特別的獨照，可以到 *http://www.lolproject.com/inscription/* 登記。
網站：*www.lolproject.com*

換件內衣，改變生活

你擔心自己的體型。但你真的覺得你的胸部擠得進這件小胸罩嗎？還有你的臀部，他們被細繩卡著真的會舒服嗎？也許你可愛的小圓肚已經受夠了太緊的內褲。

在考慮美體手術前，也許你該先試試換件內衣。至少Laetitia Schlumberger非常堅定地這麼相信。這位天才型的馬甲內衣專家，在你只看得到尺寸或脂肪的地方，她看到了優美的體態。而且她就是有辦法讓最糟糕的身影變得美麗又可愛。

只要兩個小時，Laetitia便能掃完你所有的內衣褲，並且告訴你什麼款式和材質的內衣能夠凸顯、重塑、柔軟、隱藏和改造大自然賜予你的天生資產。必要的話，她也可以帶你到店裡選購最適合你的理想內衣。

電話連絡 *Laetitia Schlumberger*：*+33 (0) 6 20 52 49 66*
www.malingeriemerendbelle.com
*2*小時到府諮詢：*160*歐元
*4*小時到府諮詢及外出選購：*300*歐元

鉛筆測驗

你的胸部有多堅挺？想知道答案的話，我們建議你做做下面這個測驗，我們的阿嬤以前就是這麼做。在赤裸的胸部下方放置一支鉛筆。

A/ 如果鉛筆掉下來，很好很完美。
B/ 如果鉛筆夾住了，太慘了。（請選購一件支撐力強的胸罩。然後，想讓自己好過點的話，想想看這幾十年來有多少胸部都沒通過這個測驗。）

在市場吃午餐

能夠住在國際大都市中但又走在傳統鄉村市場裡嗎？當然可以，這可是巴黎！

如果你正在瑪黑區上城繁忙的Rue de Bretagne上閒晃，可以到附近的Marché des Enfants Rouges吃個午餐或是買些雜貨。這個市場名字的由來是因為，原本在這兒有一家孤兒院，院童都穿著紅色的制服。

攤販充滿活力的聲音響遍這個帆布篷遮蓋的十七世紀市場，招呼著往來的行人過來聞聞鮮花的香味，甚至可以品嘗他們的葡萄酒或法國的地方特產。鵝肝醬、上等起士和波爾多葡萄酒，搭配上好吃的北非小米飯（couscous）、精緻的壽司和義大利美食。從這些新鮮多彩的食物中挑選你的最愛，好好享受一頓午餐！

巴黎有時候也很有鄉村風情。

Marché des enfants rouges
地址：*39 rue de Bretagne, Paris 3rd.*
交通：地鐵*Arts et Métiers*站
時間：週二至週六是上午*8*點*30*分～下午*1*點，
下午*4*點～晚間*7*點*30*分；
週日是上午*8*點*30*分～下午*2*點

Kanako

Kanako

個人年度大獎

PERSONAL ANNUAL AWARDS

你的年度前十名排行榜

1. 最美的相遇

....

2. 最好的一課

....

3. 最棒的派對

....

4. 最難忘的簡訊

....

5. 最佳的裝扮

....

6. 最羞恥的時刻

....

7. 傷害最深的言語

....

8. 最衝擊的高潮

....

9. 一小步

....

10. 一大步

....

索引

INDEX

時尚

居家

美容

餐廳酒吧

小確幸

獨特

文化

同場加映

地圖

MAP

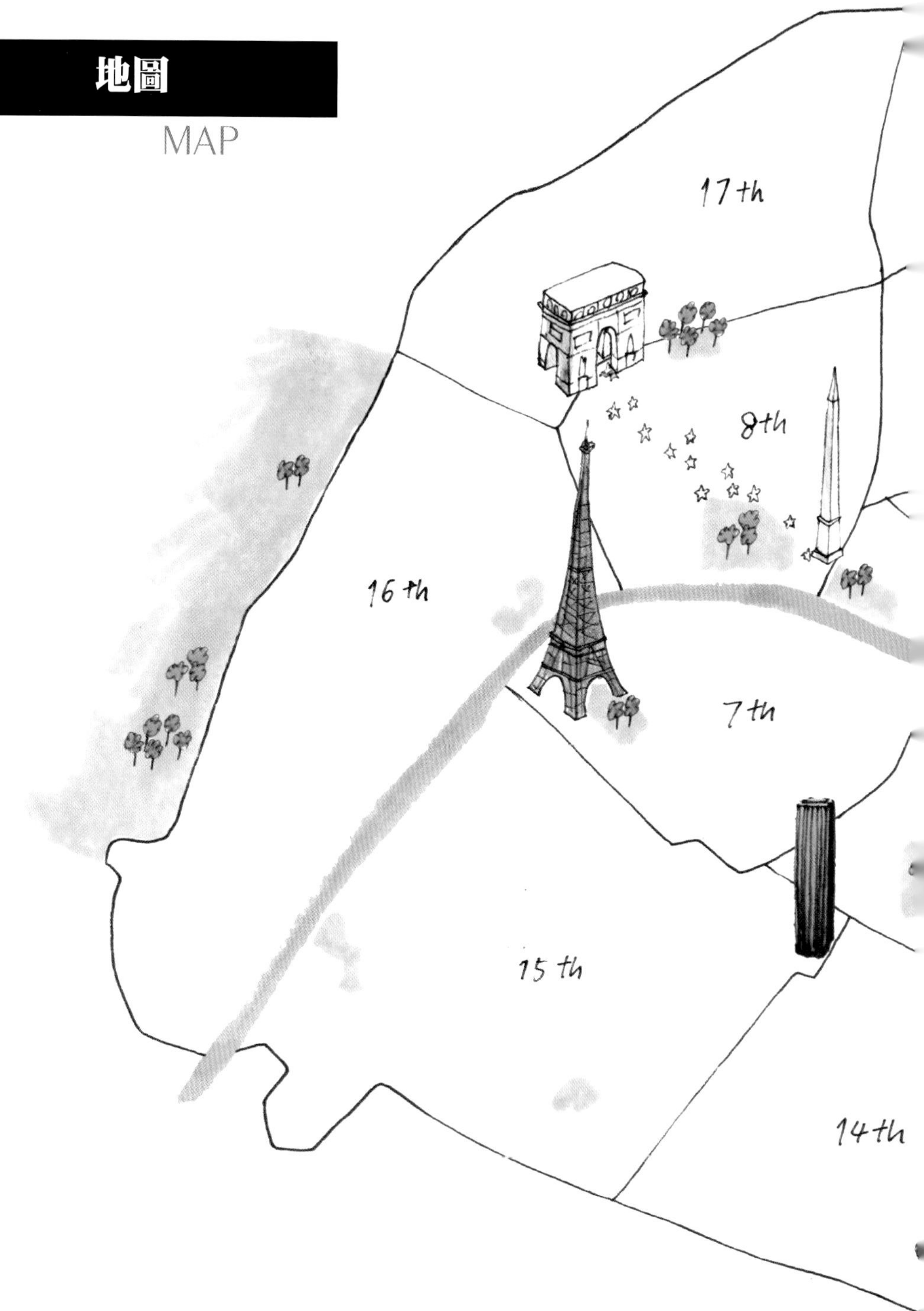

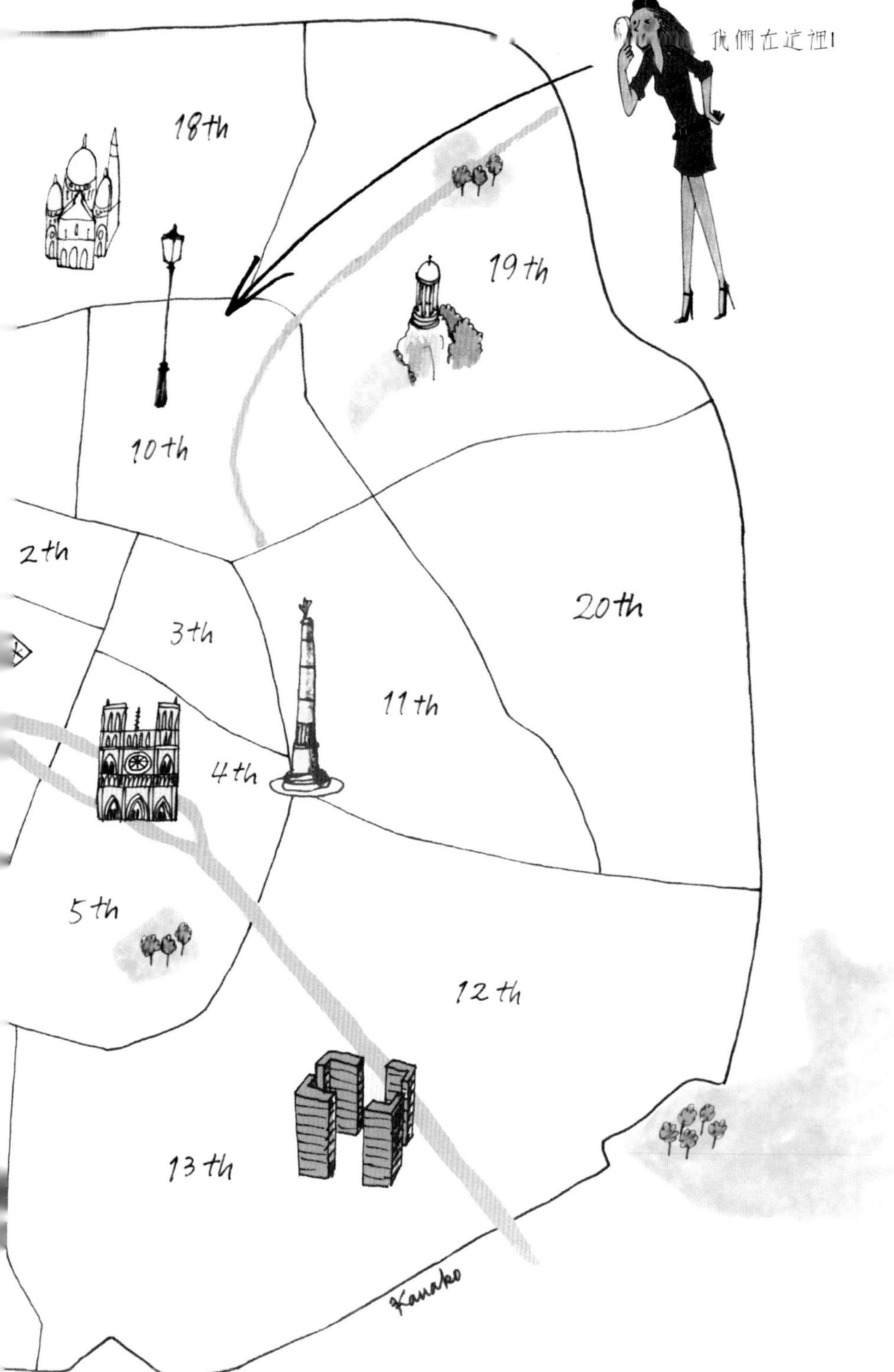
我們在這裡!
18th
19th
10th
2th
3th
20th
11th
4th
5th
12th
13th
Kanako

感謝：
謝謝，巴黎，每天早上賜予我們靈感。
謝謝，地鐵四號線，在我們靈感用光了的時候鼓勵我們。
謝謝，Cedric和他的橄欖，這是我們發現的第一個秘密。
謝謝，「轉寄」功能，讓「我的小巴黎」成長得如此迅速。
謝謝，Toni，幫助我們把秘密傳遍全世界。
謝謝，出版社，接納我們所有天馬行空的想法。
謝謝，Catherine和Mademoiselle Lilly，豐富了我們的小世界。
謝謝，Amandine筆下書寫出的所有喜怒哀樂。
謝謝，Anne-Flore，幫助我們將想法擴展並實現。
謝謝，Céline，我們的引擎。
謝謝，Bruno，我們的靠山。
謝謝，Kanako，我們的明星。
還有謝謝，Fany，永遠激勵著我們要讓自己的生活更精采。
但最重要的是，謝謝，我們親愛的讀者。希望我們永遠不會讓你們失望。

LifeStyle 029

巴黎人的巴黎

——特搜小組揭露，藏在巷弄裡的特色店、創意餐廳和隱藏版好去處

作者　芳妮・佩修塔、艾默婷・佩修塔、安芙洛・布魯內、凱瑟琳・達黑、九重加奈子、莉莉小姐
翻譯　徐曉珮
美術完稿　鄭寧寧
編輯　彭文怡
校對　連玉瑩
企畫統籌　李橘
行銷企畫　呂瑞芸
總編輯　莫少閒
出版者　朱雀文化事業有限公司
地址　台北市基隆路二段13-1號3樓
電話　02-2345-3868
傳真　02-2345-3828
劃撥帳號　19234566 朱雀文化事業有限公司
e-mail　*redbook@ms26.hinet.net*
網址　*http://redbook.com.tw*
總經銷　成陽出版股份有限公司
ISBN　*978-986-6029-33-2*
初版一刷　2012.12.

定價　320元
出版登記　北市業字第1403號

國家圖書館出版品預行編目

巴黎人的巴黎／芳妮・佩修塔、艾默婷・佩修塔、安芙洛・布魯內、凱瑟琳・達黑、九重加奈子、莉莉小姐著；徐曉珮翻譯 .---- 初版 ---- 台北市：朱雀文化，2012.12
面；公分 .----（LifeStyle；29）
ISBN 978-986-6029-33-2
1. 女性 2. 生活指導 3. 法國巴黎
544.5942　　101022769

MY LITTLE PARIS
« Le Paris secret des parisiennes »
BY Fany Péchiodat, Amandine Péchiodat, Anne-Flore Brunet, Catherine Taret, Kanako Kuno & Mademoiselle Lilly

This Complex Chinese translation edition published by Red Publishing Co., Ltd